追隨印加薩滿，踏上回家的路

# 在故事與故事間穿越

阿光（游湧志） 著

# 目錄

# 獻上蒂瓦那科　心的祝福

羅莎・瑪麗亞・巴爾加斯

感謝兒子，在神聖的星際流域裡，讓蒂瓦那科與台灣之間有了聯繫。這是來自安地斯山、聖山、的的喀喀湖、蒂瓦那科的誠摯祝福。同時獻上我的心，向台灣這片神聖的土地與家人們問候。

「光」中有著宇宙源頭的記憶，是創世之神維拉科查的神聖臨在。當我們的心在日出之際予以連結，我們內在的太陽也會隨之擴展達到宇宙合一。

我們的眼睛看著星河時，我們的心跳可以感覺到與維拉科查的深刻連結，同頻共振的光相互輝映著。

我們地球母親說著古老語言，仍然帶有原始的振動，流淌在整個生命花園裡。正如樹木會與神聖太陽的光源同步，也與流經大地母親的水同頻。這些記憶我們的心都知道，每一次心跳都會憶起。生命的魔法就在我們的每一次心跳，每日在向太陽道安，就是一次回到當下的路徑。

另一個方法是拿起一杯水，最重要的是祝福這杯水，觀想它與太陽連結。你會因著這個神聖意圖，身體的每一個細胞都將會感受到水充滿力量。

每日清晨，雙眼找尋到第一道光的當下，就是一次太陽振幅的最高連結。讓生活裡每一次光的儀式來榮耀心跳與太陽合一的時刻，記憶起你的神聖本源，也將會明白我們是誰以及為何我們在這裡。

太陽照耀著我們的心，光的能量是我們整體存在的第一個食物。透過呼吸和地球母親走在一起，雙腳感受來自大地的愛，釋放掉身體不需要的能量，這就是一種療癒方式。我們也可以藉由擁抱樹木來表達愛，感謝祂們在我們生活中的支持。

動物也是如此，他們與神聖的第一道光連結，不斷經由對話向地球母親、帕查瑪瑪女神以及自然力量表達感激。我們也需要加入他們，一起記得這些古老的語言。

謝謝你們，以及感謝此時此刻的所有生命。

以玻利維亞蒂瓦那科小鎮的每一道日出，祝福台灣的家人們。

# A Letter of Blessing from Tiwanaku

*Thank you in deep gratitude, dear son Bobby Yu. For creating the magical river of stars between Tiwanaku and Taiwan.*

*My heart greets to all living beings in the Sacred Land of Taiwan and Taiwanese Family from the Sacred Andes, the Royal Mountain Range, Lake Titikaka and Tiwanaku.*

*In the Divine presence of Wiracocha, Creator of the Universe, the "Light" memory of our Cosmic source, when our Hearts connect with the Sunrise, the Solar light in our inner light is expanded as One with the Universe.*

*As our eyes look at the river of stars, our heart beating feels deep connection interacting with constant energies flowing in the same frequency of light with our creator Wiracocha.*

*In our Mother Earth family still flows the ancient language of the first vibration. as the trees with the whole garden of life are in the synchronicity with the main Divine Source of the Light, the Sun, and the Waters of Pachamama, Mother Earth, all of them are flowing in the same vibration. Our hearts know all that memory as well, its present in every single beating of our heart. The magic of our lives stays there in the beating of our hearts, so may keeping the greeting to the Sun every day, it's a path to return to the present, the here and now.*

*Another sacred instrument is in the moment you hold a glass of water, look and feel. The most important is to connect and bless your glass of water with the Sun. Then you will feel the power of the water in every single cell of your body because of the intention.*

*In every morning, when your eyes and your whole being see the first light of the Sun, your first connection to the highest vibration, the ritual of light of our lives, to honor our heart beating that shines as one with the Sun and remember the sacred memory of our source that will show us who we are and the reason why we are here.*

*The Sun shines in our hearts, our whole being receive the photon energies as the first food for our existence and walking together with our Mother Earth, breathing deeply and feeling her love in our feet is an infusion of medicine that nourishes our body. Also hugging a tree in love and gratitude for the medicine and through it reach all the trees in the extension of love and gratitude for their presence in our lives.*

*Our animals too, they manifest their connection and gratitude to the first light of the Divine Source, as their dialogue is constantly with the Mother Earth, Pachamama and natural forces, we may need to remember this ancient language with them too.*

*Thank you to each of you, to all the living beings for being here and now.*

*Blessings in every sunrise from Tiwanaku, Bolivia. to Taiwan Family.*

*Rosa Maria Vargas*

【推薦序一】

# 嚮往自由的生命尋路人與凝望著愛的靈魂絮語者

李育青

曾經，世界黑暗冰冷，了無生氣，在浩瀚的虛空中散佈著無數閃耀著光芒的島嶼，每個都奇異到令人費解。其中之一，是孕育出有能力思索這場宇宙劇碼的存在，這不可思議的存在就像短暫的燭光，在永恆的黑夜中閃爍……

當夜幕低垂，漫步在島嶼的群山之間，獨自一人，與環境融爲一體，傾聽樹葉的婆娑，與風吹過山脊的聲音，讓思緒隨風飄盪，飛越大地，進入星空，注視著山脊背後的光環，在如此壯闊無垠的世界中體會自己的渺小，令人驚嘆且懼怖。躺臥火邊聆聽古老的創世故事，試圖找出藏在其中的深奧眞相，靜謐中等待微曦……

深夜裡煮杯咖啡，進入自己的緩衝區，拿起阿光新書的初稿閱讀，在跳動的故事之間不自主地隨著記憶漣漪深陷其中，過往的歷程與書中的情境交織，神奇圖騰排佇於一望無際的地平線，層層堆疊，難辨現實與夢境。阿光文字中的情感炙熱可觸，幾可聽見思緒中帶著些許世故的理智與遲疑，但宛如「遊蕩者凝視著蒙上憂傷薄紗的遠方，他的眼眶裡含著歇斯底里的淚水。」生命中的往事在那些與它們相應的故事裡喃喃低語。純眞與愛在字句間自行降臨，塡空孤寂……

這是一本優雅、詩意而動人的書。一部分是行旅的紀實，一部分是對社會現況的反思，一部分則是生活的沉吟與追尋。讓人在喧囂、匆忙裡帶著困惑與期盼平靜前行。記得我喜歡的作家娥蘇拉・勒瑰恩女士曾說：「唯一讓生命充滿可能的事物，就是那恆始不變、無可忍受的不確定性；接下來會發生什麼，我們並不知道。」也許阿光的出走，在故事與故事間的穿越，小王子與母親象徵的靈顯與靈隱，並非爲了向內探索、審視內心，因爲那已無法回答最深刻的問題了！現代的城市生活爲了彰顯隨處可見的文明奇蹟，而不得不犧牲人性中最美好的部分。街道上熙來攘往的人群默默地遵守既定的社會規範，從彼此身旁匆匆走過，好像他們之間沒有任何共通之處，而且彼此毫不相干。這種在記憶深處隱約散發的「群眾的沉默」以物質堆砌或心靈裝飾來美化意象，更令人反感與窒息。書中的故事裡，阿光將生命行旅的記憶作爲一種精神敬虔，藉以喚醒我們遠離那些鼓舞人心的空談，跨越平素的夢想範疇，在眞實的世界中探尋那些從來不曾被探索過的面向、深度和意義。

有句俗諺說：「出門遠遊的人總有故事可說。」雖然阿光有時喜歡探究某些不可思議的神奇事物、靈性的啓蒙，和神祕主義者的狂喜。但即使他滿心虔誠，還是可感覺到仍偏好固守自己實實在在的本性。了解人間世情，卻又不至於深陷俗世紅塵。這也讓他的故事更血肉豐滿，讓人樂於聆聽。

然而，超脫的清醒是否比情感的接觸更接近眞相呢？阿光書中提到的薩滿是說故事的人，他們會以說故事的溫和火焰將自身生命的那根蠟燭燭芯燃燒殆盡，並且像揉麵團一般不斷重新揉製愛，使其歷久彌新。聽故事的人則會在故事的形象與隱喻裡遇見他們自己，追溯那古老的傳說，踏上朝聖之路，在回到黎明之前進入未知與黑暗的深處，在遙遠的過去遇上奇異的漣漪與那原始、野性的光。

【推薦序二】

# 故事串成的靈魂之歌

彭芷雯

心靈作家／「芷爲你讀」Podcast

與阿光的相遇，也是人世間的久別重逢吧！

那是某個佛學會舉辦的不丹之旅，參加者絕大部分是佛學會裡的信眾，我們這幾位年紀相仿、跟佛學會沒太大關係的人，很自然地在旅程中走在一塊。當時是二〇一六年，在得知我們都曾去過祕魯與玻利維亞後，一路上聊了許多在安地斯山區的見聞。書中好幾個故事，在當時就已聽得嘖嘖稱奇，如今轉爲文字敘述，阿光特有的詼諧與幽默，更讓故事場景彷彿歷歷在目。

本書的編排是以故事串連著故事，不以時間爲軸線，而是將生命回憶交錯著南美的經歷，串成了一首靈魂之歌。這首歌彷彿是死藤水儀式中薩滿吟唱的依卡羅（ICAROS），讓聽見的人可以循著歌聲回到靈魂的原處。

雖然相識已有一段時間，但阿光原本擔任政務官，和我這種看似閒雲野鶴的「身心靈圈」人士實在沒有太多交集。但在近幾年，他放下了政治圈的工作，開始「靈性出櫃」（阿光的用語），我們慢慢有較多的機會交流。

對於「身心靈圈」，阿光在不同的故事裡述說著這圈子裡的諸多現象。我常在看到這些段落時莞爾一笑，或者心有戚戚焉，畢竟自己也可以算作是「身心靈圈」的一份子。但天知道這個「圈子」到底該怎麼界定？身心靈圈，可以是宗教信仰（那範圍可廣了，有佛教基督教道教各種宗教，而每種裡面又有不同門派），可以是「內修」也可以是「外求」；還有運用各種工具，有從身體入手，有從心理諮商進入，也有的是只聽從靈訊。對我來說，只要願意相信這個世界不是只由物質構成，亦即不是純粹的唯物論者的話，那麼「身心靈圈」就不是個外人以為的怪力亂神的封閉圈子。事實上，「身心靈」與我們每個人息息相關，只是許多人尚未意識到靈性成長的重要性，也從未試圖改變自己從小到大接受的教育與制約，以為只要依循著前人的步伐乖乖生活，就可以幸福美滿過完一生。但生命中遇見的人事物，各種出乎意料的發生，那些困難與挫折，難道都是毫無意義的嗎？

可喜的是，隨著我們正式進入寶瓶世代，越來越多人開始關注，也願意談論這些過往可能被視為「神神鬼鬼」之事。誠如阿光在書中寫道：

「碰觸靈性世界的高敏感特質，並不是為了世界的注視而存在的，它是為你自己而存在。也正因為如此我鼓勵靈性上高敏感的朋友，對於自身敏銳共感的事物進行探索，找出一套自己獨一無二的經驗法則……當越多人願意靈性出櫃，這社會的空間就會慢慢被打開，每個生命故事都在為我們拼湊靈性世界的眞實樣貌，靈性高敏感群體的生活樣態將會越來越多元，因為他們正是用自身本來的樣子在我們面前。」

行走身心靈圈的「江湖」多年，自然認識許多擁有特異能力的人。高敏感族群是與生俱來的天賦，但並不是「高人一等」，無須刻意強調自己的不同，形成另一種「靈性傲慢」；不刻意追求結果，而是更謙卑地淨化自己，穩定在自身的核心裡，運用天賦做利己利人之事。

除了帶出深度的思考角度之外，對於想了解南美的薩滿文化，本書是很有趣的指引。但這裡不是指了解儀式如何施作、也不是說看完本書就知道薩滿是怎麼一回事，而是讓讀者在一個個的故事當中，瞥見了薩滿精神旅程的特質，也稍稍了解南美這塊神祕大地的信仰、風土與人文。

當我在閱讀本書時，常常升起許多的熟悉感。像是阿拉姆穆魯(Aramu Muru)星際之門中提到的發現者，正是曾與我一起創作「印加神諭卡」、也一起工作過的薩滿導遊霍禾老師。而阿光中年認親的薩滿母親Rosa Maria，則是在我二〇一二年第一次去阿拉姆穆魯（星際之門）時，就已注意到這位神色堅毅、散發強大氣場的女薩滿。當時她帶著另一個團體，我不知道她是誰，卻情不自禁地被她的能量吸引，後來才從霍禾老師那裡知道她是來自玻利維亞的Rosa Maria。

我曾去過安地斯山區好幾次，對於這個相傳是地球大拙火的所在之地，有著既愛又怕的敬畏。我有幾次生命裡的重大事件，都是在安地斯山區發生，不論是馬丘比丘、蒂瓦那科、的的喀喀湖，甚至死藤水儀式，都是翻轉我生命經驗的重要過程（請參閱我的著作《愛的共時校準》）。身為聖地之旅的帶領者，我清楚地知道，聖地之旅不（只）是觀光旅遊，而是「回到」

某個曾經熟悉之地，完整靈魂的拼圖。從更高的層面來看，蓋亞也需要人們來到能量點，以意識啓動隱藏其中的時間膠囊，協助地球整體的進化。

在死藤水故事裡，我才知道阿光曾經有過的年少故事。很難想像如今文質彬彬的阿光，原來在青少年時期，因爲成績不佳被編入所謂的「放牛班」，而經歷過一段不被家人認同、不受師長稱許的慘澹歲月。這段看似黑歷史的過往，不但影響了他後來的人生決定，而以爲早已深埋消失的記憶，卻讓他在死藤水儀式的後繼效應裡繼續清創、繼而療癒，讓靈魂完整。

很認同書裡的一段話：「……擁有力量的第一步，不是要表現英勇而是敢直視黑暗。」

祝福這本圖文並茂的著作，可以牽引著讀者的靈魂，勇敢地直視黑暗，找到自身的力量，譜寫出自己生命故事的靈魂之歌！

……她同別人的情形完全不一樣
不是因為冷和熱才離我們身旁
唯一的原因　是由於她善良

她謙卑的性格發出的光芒
異常強烈地把天庭照遍
連永恆的天主也無比驚異……

——《傷逝》旦丁　義大利

# 自序

這本書記載了一個旅程，但其實只是一則故事。而我眞正要說的是：「世界不是由原子所組成，而是故事。」

這本書紀錄了我在二〇一六年前往祕魯與玻利維亞時，偶然認出我的薩滿母親，意外成爲她的第二個門徒。在此之前，我對薩滿兩個字的了解只存在於宗教學的書籍，腦海中的畫面停留在身上的奇裝異服，作儀式時瘋癲出神的刻板印象。這麼多年來，我的薩滿母親每日清晨都在等待太陽升起，爲的就是要說出她內心的讚美與感激。而她總是記錄下日出的第一道光，傳送來我手機裡的社群軟體。初始，我會點開檔案看著影片，新奇地想像薩滿母親一天的開始，後來我會笑著說：「這是薩滿母親向我道早安，充滿玻利維亞特色的動態長輩圖。」

直到七年後，也就是二〇二三年初，我再次踏上南美的土地，一下飛機我便哭到不能自己，深深地感覺到被這塊土地無條件支持著，有股能量完完全全地擁抱著我。此刻，我才明白多年來那個我笑稱的長輩早安圖，讓我每日起床慣性地打開手機時，與安地斯山以及祖靈有了連結，才開始一天忙碌的日常。這是我的薩滿母親爲我做的事。

然而，我是在台灣有系統地向李育青老師學習印加薩滿磅礴的世界觀。這裡所謂有系統的學習，是指貼近我們所處的社會脈絡與生活情境，透過課程的設計，用符合大腦結構的存取需求來學習。初見李育青老師，彪形大漢卻散發著母性的能量，呈現一種反差萌。第一次跟隨他進行儀式時，便能清楚辨認出他身上呈現的就是「大地母親」的能量，他帶領儀式時的堅毅神態有著大地母親的能量質地，是對社群守護的無私支持，不是爲了符合小我對於母親角色的期待。

從小時候開始，我們頭腦輸入了一個故事版本，母親角色就是「溫柔慈祥」，對孩子有著「無條件的愛」，守護孩子時可以「爲母則強」。然而在眞實的生活裡，我們所體驗的母親角色是如何呢？每一位母親都在這個故事版本努力地扮演著，孩子透過母親節表達感謝的同時，再一次強化了頭腦相信的故事版本。爲了滿足這個故事的角色設定，我們眞的都好努力。母親們努力讓自己可以符合角色，而孩子作爲需求方，在生活中撿拾符合角色的形象特徵，可能終其一生都在拼湊符合這個故事的母親角色。但當生活體驗與故事版本間存在著差距該怎麼辦呢？我們眞的只能有一種故事版本嗎？更值得提問的是：扮演角色的「人」還在嗎？扮演角色的「我」還好嗎？

事實上，一個女性並非只要生理上成熟或有生育能力就可以成爲母親。我們可以在許多家庭的案例中，看見母女之間的糾葛來自於母親在其原生家庭中的傷，一個帶著傷的女孩是無法眞正成爲母親的。我們會從她的口中聽到：「我以前哪有零用錢可以買東西？」「我以前念書的時候想要補習都沒機會，你還可以學鋼琴？」「我犧牲我的人生就是因爲要照顧你。」或許家庭諮商和心理學領域會帶領我們去看見母親的這些言語是一種控制，是爲了讓孩子知曉她對這個家庭的付出與犧牲。在客觀上，不論母親是否作了多少付出與犧牲，孩子都將在這樣的成長環境經驗到，犧牲是一種愛。一旦孩子認同了母親，就會產生我要乖、我會聽話，否則會對不起母親的想法。這個故事版本是不是很熟悉呢？而且往往會代代相傳，我們可以預料這個母親的原生家庭，可能有著類似的故事版本。

該如何分辨是女孩還是母親生下孩子呢？關鍵在於是否與自己的源頭連結。一個明白自己來處的人，會有夠用的安全感站上角色位置，無論孩子是否符合自己的期待，都會發自內心地祝福下一代。一個女人從成年、結婚到懷孕生產，透過儀式領受來自聖山與祖靈的祝福，安心地放下女孩的角色而成爲女人，站上家族傳承系統中的位置，便能長出守護的力量成爲母親。總的來說，不同階段歲時祭儀所進行的儀式，都是爲了讓每個生命知曉自己的來處，在人生的重要時刻與祖靈以及大地連結，這是一次生命座標的校準，是自身故事版本的定錨。儀式之所以會爲生命帶來支持，是因爲社群與家族成員的參與。同時這也是一種「賦權」行爲。

其實，無論是「母親」「原型母親」或「地球母親」，都只是母體故事裡的不同聚合。但是身心靈圈卻普遍有一個認知，認爲現今人們所面臨的問題，諸如身體健康、心理情緒乃至整體社會事件，都是因爲離開大自然生活所致。或者，用大夥習慣的說法：失去與大地母親的連結所致。然而，我們本來就是自然的產物，我們就是自然本身，要如何離開自然呢？唯一的可能性，就是我們相信了某個故事版本，緊抓故事裡的角色用力地扮演著。於是在我們的社群裡，發生了「我離開了我自己」。

行筆至此，想起了身心靈圈的另一個討論，針對坊間一些提供療癒服務的老師，自稱薩滿是否適妥？有人強調傳承的正當性，有人主張離開部落的學習不該自稱薩滿，於是開始有了「薩滿學習者」「薩滿實踐者」甚至是「星際薩滿」的稱呼。我們先停在這裡，聽聽來自我們內心的提問：「提供服務與薩滿稱呼之間的關係是什麼？不同的名稱會影響療癒的效果嗎？」療癒的發生，治療師從來不是關鍵性的因素，而是來自於個案本身，治療師是藥引，是旅程的引路者。對我來說，薩滿無法書寫，祂們是像詩一樣的存在。所以，這本書裡關於薩滿的相關描述，是故事的素材，是未完旅程的風景。不過可以確定的是，當你閱讀的同時，已經與安地斯山有了連結。因爲，此時此刻我們在相同的故事裡。

因爲故事，世界有了時間與空間。當我們在故事與故事之間穿越，療癒便有了開端。

薩滿母親道早安

# 1 你躲好沒?要來去為國爭光!

……通過一些喧囂誇張的歌詠和頌讚,
認知人物和事件的舞臺
倘若可能　在歡呼聲中保持我們的沉默
用理性的心靈去觀察體會
逼視冗長　一再重複的戲劇……

——《出發》楊牧　台灣

台劇《造浪者》爆紅，政治終於有不一樣的凝視，不是只用英雄主義的視角去描繪登峰的過程，而是看待每一位造浪者面對理想與陰暗面的英雄旅程。選舉制度雖稱民主公平，卻也讓政策的施行必須顧及方方面面，於是政治環境裡的「妥協」練習，總是使得造浪者免不了「自我評斷」。然而，我認爲人的一生所有的經歷，無非是幫助我們學習一門功課，那就是「接受並喜歡自己」。所以面對工作場域上發生的自我評斷，避免成爲自己討厭的大人，更是照顧內在小孩的重要標的，我才不想因爲長大就把哭聲轉成靜音。由於造浪者的工作型態是全年無休的服務業，所以我與老闆有一個沒有協議過的默契，每年給我一個假期充電，但這裡說的充電不是加法而是減法。旅行讓我有機會離開原本的生活脈絡，而減法就是放下叨叨絮絮的自我評斷，免得在心底漬釀出習性。

一日深夜，身體其實累了，也到了該上床休息的時間，但仍然在沙發上滑著手機，這已經是日常習慣。做著無意義的事，好抵抗一覺醒來滿檔的公務行程，也只有這個片刻可以感覺到生活裡的一點自主權。就在眼皮放棄抵抗之際，臉書的河道上出現了一則「南美聖地探祕靈性之旅」的旅遊資訊，字面上介紹的旅遊景點只聽過馬丘比丘、聯考考過的的喀喀湖，其他一概沒聽過。當下我就決定報名了，理由是前往的這些地方應該沒有網路吧！我心裡這樣思量著，光是沒有網路這個因素，就非常適合「出走」，至少手機裡的工作平台可以安靜一陣子。

細看旅遊資訊寫道，這次探訪特別得到安地斯山的祖靈邀請，有些部落還特別開放祖靈聖地，其中包括火山、海底神廟、星際之門等。這些文字說明跳脫過往的旅行經驗，讓人連結到小時候遠足前一晚的興奮，踏上未知旅程前，心中在倒數。此次旅遊只開放二十二個名額，我報名時的序號排在第二十四位，出發前兩位印度人臨時有事而放棄，讓我幸運地搭上祖靈召喚的列車。當時我不僅對南美洲相當陌生，對於薩滿的相關知識更是一無所知，所以看到要準備種子、水、石頭以及水晶礦石等進行儀式所需要的材料，腦中幻想盡是電影《哈利波特》的情節。

一日，辦公桌上出現了一包包種子，有香菜、四季豆、絲瓜……

月圓之夜，不用修圖的美好發生在的的喀喀湖。

無情的祕書幫我準備種子，袋子上還印有「生物多樣性」的字眼……

等多樣口味，我沿用電影《哈利波特》的電影畫面，想像自己跟著薩滿長老進行儀式，劇情發展應該會是與植物靈相遇，將台灣的種子種下……。正當我雲遊在腦補的世界，忽然傳來一陣一陣食物的香氣，這……這氣味聞起來像極了台灣小吃。我立刻驚醒對著前座的祕書說：「妳有沒有覺得簡章上面的旅遊資訊很奇幻，我想像中進行儀式時的樣態應該要很威，才符合奇幻文學中主角的人設啊！爲什麼剛剛我穿著長袍浸入儀式的氛圍，看著妳爲我準備的種子，腦中突然飄進麵線羹、蚵蠣絲瓜、還有醬爆四季豆的畫面。」神聖空間裡充斥著食物的味道，這樣不行啦！現在是把奇幻文學當賀歲片來拍？周星馳風格演出魔戒能看嗎？別鬧了！這場戲我也有擔綱演出哩。

話說嗜吃甜食的我，自從健檢報告出現紅字後，無情的祕書便開始對我進行飲食控管，在辦公室設置安全檢查哨，所有甜食都要經過她的盤查。當時法國知名品牌的馬卡龍在台北貴婦百貨設櫃，朋友千里迢迢帶來了能取悅靈魂的食物，那天會議結束回到辦公室，喜孜孜拉開緞帶掀開禮盒，印入眼簾的是九宮格造型的集合式住宅，卻發現只有中心位置的馬卡龍待在家。然而，隨著前往南美的日子越來越近，某日在我桌上竟然出現蛋糕，猜想應該是無情的祕書不在，蛋糕得以躲過檢查哨的攔查。爲此我暗自竊喜，以靈魂舒心的方式回應這突如其來的小確幸。

沒想到，第二天桌上又躺著另一盒知名甜點，原本的小確幸變成滿腦子問號，此時無情祕書冷不防回頭問：「甜點好吃嗎？明天下午有想要吃什麼？」這一問讓我墜入五里霧，難道甜點是她準備的？腦中飛速調閱近期的相處畫面，我有對她疾言厲色嗎？有什麼文書資料她還沒繳交嗎？最近怎麼對我如此好？只見她不急不徐地說：「我無法阻止你前往南美，但想到亞馬遜叢林的食人族部落，又看到旅程安排每一個聖地都要做儀式，幫你整理物資免不了一直想到活人獻祭的畫面，我就決定接下來幾天都要餵食甜點才好。」所以，這是死前最後一餐的概念嗎？我聽了哈哈大笑，沒想到她竟然說：「你這個旅遊行程是國際團，揀選了不同國家的人，持續餵食甜點讓你身體糖分高一點，烤起來味道會比較香，吃起來也會比較可口。加油喲！都已經報名國際賽事了，一定要爲台灣爭光！」

出發參加國際賽事前的月圓之夜，選手們進行跨國的線上會議，在薩滿長老的帶領下我們與自己國家的土地連結，展開神聖空間打開第八脈輪，彼此連結形成一個空間網絡。隨後大夥對於旅程中尚未明白的部分紛紛提問，其中關於種子、水、礦石等材料，薩滿長老簡單說明要在不同能量點上分別進行什麼樣的儀式，接著竟然是要我們把這些訊息告訴這些材料，好同步讓它們知曉即將一起工作，並且在放入行李箱時想像一塊布將它們蓋上。正當我的內心小劇場吶喊著，這不就是《哈利波特》裡的隱身術嗎？薩滿長老幽默地補上一句，當你準備關上行李箱時，記得輕聲跟你的夥伴說：「要躲好！」

那晚，會議結束於向安地斯山以及祖靈們的祈請，大意訴說著我們將前往聖地拜訪，請看顧神聖意圖庇佑每個家人都能平安抵達。窗外的圓月明亮高掛著，選手們雖然並不相識，但這個時刻我能感覺彼此的存在，有一種電玩上線相約出任務的熟悉感。你躲好沒？來去出國比賽囉！

再次踏上南美的土地感動到不能自己。（要來練習一下如何哭得優雅）

挑戰三觀的祕魯美食：
火烤天竺鼠

祕魯《最後的晚餐》這幅畫，是不是
眼前的火烤天竺鼠讓耶穌翻白眼哩？

烏魯族人將蘆葦編織成浮島，世代生活在的的喀喀湖上。

高原上跳躍的野生小羊駝，其皮毛質料是織品界公認第一，有著「祕魯軟黃金」之稱。

南美行遇到祕魯大規模抗爭，導致旅遊行程大亂，路上多是荷槍實彈的軍警。

除了草泥馬，這塊土地充滿異文化表情。

拉丁美洲有著悠久的蔗糖歷史，甜食當然都是甜死人不償命，建議你選擇香料氣味強烈的甜點，像我就很推肉桂味重的胡蘿蔔蛋糕。

紫玉米汁Chicha morada，源自祕魯安地斯地區的印加飲品，喝起來酸酸甜甜而且富含抗氧化的花青素。

這烤雞外觀看起來不怎麼樣，但重點在列入民族文化遺產的醃製配方。而每年七月的第三週是祕魯烤雞日。

藜麥Quinoa是高蛋白、零膽固醇、無麩質的印加穀物，南美有不同的料理做法，都值得一試。

玻利維亞早餐必吃烤餡餅Empanada，這是一道從攤販到餐廳的美食料理，基礎內餡以起士與火腿或馬鈴薯為主。

# 2 老師說：還沒教的課自己先預習？

人腦，和上帝相等
因為秤一秤，一磅對一磅
他們　如果有區別
就像音節　不同於音響

——《人腦比天空還闊》艾米莉·狄金森　美國

身旁登山的朋友看了行程，給了我丹木斯（Diamox），是一種預防高山症的藥品，並叮嚀我服用方法。的確，行程裡許多部落的祖靈聖地都超過三千公尺，甚至有的火山將近六千公尺。在過往的旅行經驗裡，像是不丹等國家都超過三千公尺，而且年輕攀登玉山時，有體會過那種頭漲欲裂的感覺，所以對於朋友的囑咐特別放心上，更何況南美這個遙遠的國度在醫療資源取得上不似台灣方便。

印象中，準備大學聯考時閱讀過世界地理及歷史，曾經與南美洲這塊土地短暫相遇。但因爲歷年的考題中南美洲的比重分配不多，只是相遇談不上相識。所以，不只是對行程的地理位置沒概念，連地名念起來都覺得拗口，索性不想多作了解就讓一切順著流走。由於選擇直飛荷蘭再轉機橫跨整個大西洋，有別於一般台灣旅客先飛美國再往南飛的路徑，所以未包含轉機的等待時間，光是飛行就長達四十四小時，待在機上的時間就是吃飽睡、睡醒繼續吃，完全不知今夕是何夕，簡直就是「空中牧場」。在渾渾噩噩間聽到機長的廣播，機艙同時也迎來光明，終於……這次不是要餵食，而是眞的要抵達祕魯了。

是的，飛機即將降落庫斯科，行前資料上寫著庫斯科是個海拔超過三千多公尺的高山城市，想起朋友提醒在飛機降落前半小時要服用預防高山症的藥。不料，丹木斯沒有在身上，而是放在座位上方的隨身行李，坐在靠窗位置的我若要拿行李勢必要麻煩鄰座起身，爲此我陷入猶豫交戰。眼前即將下降到一個陌生的國度，朋友的再三叮嚀在此刻成爲一個放不掉的念想，對於高山症的擔心漫延開來。只好安慰自己降落的城市是海拔三千多公尺，過往的經驗頂多就是頭疼，丹木斯就留在登高山再來服用吧！況且飛機抵達已經是晚上九點多，即使眞的有頭痛症狀發生，到境外旅館趕緊入睡就是了。

依稀記得在輪盤前領取行李時，我還提醒同班機的台灣旅客調整呼吸，熱心叮嚀走慢些避免引發高山反應。同時我感覺到兩側的太陽穴非常脹，搬起沉重的行李都聽得到自己急促的喘息聲，頭重腳輕緩步地走到旅館卻沒有走向報到櫃台，因爲旅館的附設餐廳仍有客人，而此刻的我眞的需要一碗熱湯。門口的服務生雖然表示已不再收客，但拗不過我臉上病懨懨的神情，還是善良幫忙詢問內場廚師是否還願意出餐。最終，我得到一碗藜麥豆子清湯，大腦對於眼前的食物似乎無法進行歸類，遑論美味與否？但它的確是我現在需要的。帶著暖胃躺平在床也不知自己何時睡去，只記得入夢前仍然聽見高山反應的喘息聲。

半夢半醒間鬧鐘響起，速速梳洗一番便前去機場大廳與大夥會合。身體感覺好多了，但手上

庫斯科從攤販到公家單位街上到處飄揚彩虹旗，我還誇讚這是個性別友善城市，後來才知道是庫斯科市旗，不同於同志的六色彩虹旗。

拉著沉重的行李還是提醒自己要走慢些。報到時一臉疲憊引來同行的團員關心，也許只是為了破冰，我認眞說明昨晚的情況，敘述著身體的高山症反應。大夥狐疑了一秒，眞的是一秒，睜大眼睛七嘴八舌地說：「怎麼可能？為什麼會發生高山症反應？這裡是祕魯首都利馬，利馬只有海拔五公尺……」當下我矇了！覺得自己很白癡，於是我丟臉地大叫，伴隨緊接而來的哄堂大笑，我想我做到了團體眞正的破冰。之後，每一場關於南美旅程的演講，我都會用「海拔五公尺高山症」的故事與聽眾進行破冰，透過自嘲分享我在其中的看見。

我的朋友有豐富的登山經驗，有著專業的知識與技能，以防範在山林間各種可能的狀況發生。在他給予預防高山症藥品，細數了高原反應的一些症狀，這個過程中我的大腦已經記錄下身體可能的反應。於是，當我在機艙上未能取得丹木斯時，我的心執著了念想，而身體透過呈現症狀回應情緒上的擔心。我知道，我經驗了一個故事版本，未服用預防藥物與發生高山症兩者之間產生因果關係上的連結，便顯化出「海拔五公尺高山症」的故事。明白其中的道理後我告訴自己，接下來的旅程只需要放開心好好去體驗，欣賞壯麗山林時少了對高度執著的情節，刪減掉丹木斯的戲分，從此帶著新的故事版本走遍群峰，身體也不用為了「預防」而演出。

關於未服用預防藥物就會發生高山症，是什麼讓它們兩者之間有了關聯性呢？這些陰錯陽差的好笑情節，其實也在我們的生活中集體上演。這幾年的生活我們一起經驗疫情，大規模的人類行為就是施打疫苗。在眾說紛紜的理由中，我們相信施打疫苗的好處，是否也會發生因果關係上的錯誤連結？疫情影響社會層面太廣，橫跨不同的專業領域，我無意在對錯二元的天秤上進行引導，只是要指出許多因果關係的連結，往往是故事版本選擇後的自我演繹。

還記得疫情爆發期間有一株病毒的名字叫做「Omicron」，身邊朋友一個一個確診，見識了「Omicron」旋風，它的知名度最高進而引來媒體爭相報導，舉凡它的出生地、行蹤、竄升的追蹤度以及網路社群的討論度，都可以發展成專題報導。以微觀的角度來看，觀察身邊友人可以發現一個有趣的現象，在疫情之初，媒體針對病毒資訊進行了詳細的報導，讓「Omicron」具體了起來。言談間，朋友對於確診後可能發生的症狀、先後順序以及生活上如何對應，發展出活生生的故事版本，身邊朋友在確診後，也的確把大腦中儲存的資訊如實地將症狀演練一遍。雖然這只是個人經驗的故事版本，但如果我們被餵養的資訊趨於一致時，是否會有一個通用的故事版本呢？而唯一確定的是，恐懼成為這個時期共同的情緒表情。後來，疫情在二〇二三年的五月再度攀升，台灣有非常多所謂的「天選之人」染疫，按照官方資料統計，第一次確診與再次感染的比例高達三比一。我也相當納悶自己為什麼也在這一波高峰確診，三年多來防疫生活的習慣沒變，期間也出入許多國家，不禁好奇這數字呈現的比例，正在書寫什麼樣的故事版本呢？

此刻，想起小時候放學前老師會說：「明天要教的課，回家記得要先預習。」在想，是不是因為老師說的話，我們都聽進去了，已經習慣拿著通用的故事版本，除了乖乖預習還自動複習呢?!

海拔五千多公尺高的拉亞山脈，融化後的雪水在此隘口往不同方向流去，除了灌注的的喀喀湖，也成了亞馬遜河的源頭之一。

女巫市集就隱身在聖法蘭西斯大教堂後方，成為熱門景點後引來許多紀念品店進駐，反而失去原有的神祕氛圍。

玻利維亞的女巫市集極具特色，販售草藥、祭祀用品、魔法器具等商品，琳瑯滿目。

羊駝在當地極具經濟價值，牠會出現在漢堡、披薩、西式排餐以及保暖衣物中。女巫市集販售的羊駝乾屍，是在興建房子時獻給大地母親的一種民間習俗。

坐落於安地斯山脈的拉巴斯，是全世界海拔最高的首府，磚色建築物形成特殊的城市景觀。

一月二十四日許願節是玻利維亞最具特色的慶典，總統會前來主持為期三週的市集開幕，Alasita市集的入口處有一尊當地的豐收之神Ekeko。

玻利維亞
許願節

這裡到處都有古柯葉，
泡茶喝或直接放嘴裡嚼
可以預防高山症。

市集的攤販擺放各式模型小物，有車子、房子、鈔票……應有盡有，當地古老的傳統相信透過許願意念，來年就可以迎接微型小物來到現實世界。

# 3 你有看見神聖蝴蝶嗎?!

……如同所有的事物充滿了我的靈魂
你從所有的事物中浮現　充滿了我的靈魂
你像我的靈魂　一隻夢的蝴蝶
你如同憂鬱這個詞……

——《我喜歡你是寂靜的》聶魯達　智利

如果有一天醒來時，睜開眼發現世界不一樣了，昨晚睡覺前還是咖啡色的床單變成綠色，刷牙時打開水龍頭，流出閃著藍光的液體，也就是說眼睛看到的顏色與過往認知不同了。先不論時間過了多久，總之在你表達完狐疑或驚嚇的情緒後，你做的第一件事會是什麼呢？來換個方式問好了，假如你喜歡的電影或小說，故事中的人物與場景出現在你的生活，只要與他們互動、對話便會進到故事中的情節，而原本熟悉的現實世界便會隱退成視覺上色彩比較淡的樣態同步存在著，這時候你升起的第一個念頭會是什麼？你會選擇跟現實世界的人吐露你正在經驗的事嗎？又或者，你與朋友正在登山踏青，眼前的山坡上出現了一隻從未見過的大型動物，當你們四眼相對時牠忽然開口說話，但你發現朋友們似乎沒人看見，他們依舊三三兩兩嬉戲聊天。此時，你會採取什麼行動呢？好險，我沒有這個困擾。與神聖蝴蝶相遇時，我與同行的團員是一起看見的，也就比較放心在這裡與你分享關於神聖蝴蝶的故事。

如同之前提到的，出發前閱覽這次旅遊的行程資訊，唯一聽過的景點就是列入世界七大奇蹟的馬丘比丘。馬丘比丘不像其他的歷史古城有著被人意外發現的故事，當地居民是知道它的存在的，直到一九一一年，一位耶魯大學的歷史學者在當地農民的引領下，重新發現這座失落的印加古城，再次將馬丘比丘介紹給世人。因爲當地的部分居民本來就知曉古城的存在，其中有些薩滿會在此處進行儀式，加上媒體的推波助瀾，馬丘比丘成爲全世界火紅的熱門景點。這也使得祕魯政府的保護措施以及管制日趨嚴格，除了嚴禁明火外也不准進行任何儀式活動，即便只是一群人坐在園區內靜心冥想也會有站哨人員前來驅趕。可是，偏偏身心靈圈就最愛到聖地進行能量連結啊！沒想到我們就是爲了找尋適合靜心的地方，才幸運地與神聖蝴蝶相遇。

馬丘比丘再次展現在世人眼前也才一百多年，照常理推斷百年前的探險隊與當時的技術，要發現這座建在二千四百三十公尺的古城應該不難才對，爲何直到近代才露臉呢？其實，馬丘比丘個性挺害羞的，近午時分就會躲進雲霧繚繞之中，我想，這或許是近代才被外人發現的原因之一吧！所以，如果你想要去拜訪它，建議搭乘觀光火車

午後的馬丘比丘，會瞬間祥雲來集變成天空之城。

喜歡攝影的朋友，可以攀登華納比丘俯瞰遺址的全貌。

在熱水鎮住一晚，第二天坐上第一班上山的循環巴士，你就會是第一批前去拜訪的旅客，有機會拍攝到古城爲你展現的原味全貌，否則陸續抵達的遊客川流其中，各色衣裳將使得印加古城頓失風情。另外，近些年興起朝聖或徒步旅行，有些人會選擇走Camino Inka，從距離庫斯科八十二公里處一個叫做Piscacucho的地方，徒步穿越安地斯山約莫三至四天抵達馬丘比丘，沿路可見許多印加帝國時期的遺址。而一些喜歡登山的旅客也會反其道而行，選擇攀登對面的華納比丘，俯瞰馬丘比丘全景。

趕上第一班巴士，我們一大早

就抵達馬丘比丘古城，雖說是爲了避免近午時升起的山嵐，但最主要的原因還是希望在遊客不多的時候，能找一塊適合的地點進行儀式。然而，祕魯政府爲了避免對歷史古城建築體與石牆的破壞，沒有裝置監視錄影器等設備，而採取了最原始的方式，幾乎每隔二、三十公尺以及每一個轉角處都有安排人員站哨，防止遊客隨心所欲敲下石頭就帶回家作紀念。當時我們只是站在廣場的空地圍成一個圓，身上也無任何儀式所需的器具，仍立即遭到站哨人員喝斥驅趕。

正躊躇不知如何是好時，有人提議往非建築體的區域走去，也許能找到適合的地方，也避開站哨人員的盯梢。但當我們遠離遺址往雜林方向走近，卻也擔心進入森林會失去方向感，怕回程走不出這片林區，突然間也不知哪來的靈感，心裡有個

在未使用灰泥黏著的情況下，拋光的石牆究竟是如何堆砌，而且還是圓弧造型的建築體。

聲音說：「抬頭看看遠方的山，這四座山的中心點有你要找的地方。」

我將想法告訴薩滿長老，抬頭也的確看見四座山頭特別突出，也不確定是否有對應四個方位，但視覺上是坐落不同方向，我們向可能的中心點移動。就在大夥準備走進林區時，薩滿長老開口說：「多留意周遭可能的信號，無論前進的方向對不對，山的守護者都會給我們訊息。」當所有人都隱沒林區，不約而同便不再交談，氣氛變得嚴肅起來，一般來說對這種未知的氛圍多少會感到害怕，但此刻的安靜更像是走進一處神聖空間，爲進行儀式的心裡狀態做好預備。突然間，薩滿長老回頭驚呼出聲，行進中的我們一陣七嘴八舌，手指紛紛指向同一個方向，林間竄出一隻亮黃色的蝴蝶快速飛行而過，其身形比台灣黃蝶還要大一些，身上的翅膀散發著藍色LED光芒。沒錯，就是3C產品的外觀會閃的那種藍色螢光，若非親眼看見，很難相信世上竟有此等自然生物。這清晰又令人驚喜的遇見是山林的回應，當然也是一種召喚，對於持續前行的腳程升起無以言明的踏實感。

烏魯班巴河蜿蜒圍繞馬丘比丘，水流相當湍急，像是在守護這個聖地。

不久，眼前出現半樓高的巨石，是一塊外露於峽谷上方平整的岩石，下方是湍急的烏魯班巴河，二十二人相互協力攀爬而上。薩滿長老帶領一行人在天然的祭壇上完成儀式，回程時，大夥的話題仍圍繞著神聖蝴蝶，有人分享馬丘比丘特有的蝴蝶傳說，有人述說蝴蝶翅膀上對稱的神聖幾何。當然，也有人理性分析後認爲剛剛急速飛行的蝴蝶，應該是南美特有的眼蛺蝶種類，至於飛行時的閃光仍無法說明究竟怎麼一回事?相對於大夥興致高昂，薩滿長老沒有加入討論，或許，眼前飛過的蝴蝶就只是祈請守護者與傾聽山林的回應。對她來說，是生活的日常，是目的以外的枝微末節，即使看來是如此令人驚喜。

總之，在收到訊息找出四方中心點以及神聖蝴蝶的即時回應後，儀式得以順利完成，而故事也有了圓滿結局。當時我如果沒有將聽到的訊息說出口，或者沒有出現神聖蝴蝶，會順利找到進行儀式的適切位置嗎?那又會是什麼樣的故事版本呢?我們先停在這裡問問自己:「我會願意將聽到的訊息說出口嗎?」「看到藍光閃爍的神聖蝴蝶會第一時間指出嗎?」其實，在一開始書寫這個故事時，一度想用「有人聽見」來取代「我」聽見訊息。我問自己爲何會出現這個念頭?我顧慮的是什麼呢?誠如所見，最終我選擇陳述事實，但那個想要隱身的念頭背後隱藏了什麼細節?所以，我想跟你談談生活中的一個現象，是個大部分人選擇「存而不論」的現象。

近些年，樂見社會上開始討論所謂的「高敏感族群」，心理學界還發展出一套檢測量表。所謂的高敏感族群，大致定義爲:「舉凡人對物質世界，包括外在環境、以及他人情緒的感受，有著易感的情況發生……。」事實上，有一群高敏感族群對於物質世界之外，可能是其他空間維度、內在世界、潛意識、夢境的探索有反應，這些碰觸靈性世界的高敏感群體沒被放進這波社會討論，實在可惜但也不難理解。畢竟無論是心理學或者社會學等科系，所有的學科分類都在科學大旗之下，要分類與研究高敏感族群仍需找到其中可能的因果關係，然而這些對應關係往往只發生在物質世界，也只運作在「線性頭腦」。

碰觸與探究「靈性世界」這類主題，散落在宗教、哲學、奇幻小說、鄉野奇談、身心靈課程以及零星的個人經驗。也就是說，探索物質世界以外有其易感與反應的高敏感群體，有部分的人在上述的領域裡找到與自己能力相處的位置；而另外有一些人未能找到與自身能力相處的適當位置，因爲其經驗跳脫一般人的感知與理解，面臨生活上的許多處境未能被看見。他們往往是在生命的長河裡摸著石頭過河，有人一腳踏進身心靈圈卻沒能看透權威的議題，在挫敗與自我懷疑中遊蕩；有人選擇就診想要得到家人與社會認同，即便藥物會使靈魂漸枯卻仍往返身心科路上；而有更多人透過漠視這份感知，生命以反對自身的形式活著。上述的脈絡可以顯而易見，這群特別的高敏感群體正體驗著各自的故事版本。那麼擁有「高敏感」特質到底是生活上的困擾？還是生命的禮物呢？說說我自己體驗過的故事版本吧！

兒少時期的成長過程中，因爲不知道如何與易感的特質相處，的確有好長一段時間困擾我的身心狀況，深深影響人際關係上的發展，處在一種這世界上不會有人眞正了解我的絕望谷。人需要透過展現自身與人互動，漸漸地在社群裡探索出彼此的位置，所以「無法說出口」意味著無法眞實地表達自身，而戴著面具更是不可能找到適合的舒適位置，遑論進一步在建立親密關係上的可能性。我一直到遇見帶領系統排列的海寧格爺爺❶才眞正得到解放，開始懂得與這樣的特質自由相處。擁有高敏感特質並不需要擺在「生命的禮物」這樣的位置上，目前使用天賦、能力、禮物的視角來定義、碰觸靈性的高敏感族群，都是坊間一些激勵課程或身心靈圈的用語。事實上，眞正與靈性高敏感的特質相處，是開始接納自己的旅程，要知道高敏感特質非常多元，無論它看起來如何的特別，就只是自身的其中一項特質，不需要用全部的力氣去證明，只爲了讓它看起來像什麼。

註釋：

❶海寧格談關於「同意」：同意是唯一成為自由的方法，一旦開始同意，你就不再反對任何事情，你就不再抗拒任何事情，把眼睛閉上，我們來練習同意。

首先，你同意自己的父母，以他們本來的面目去同意。你也同意祖先，以他們本來的面目去同意。你也同意自己，以自己的本來面目，不要期望會有什麼事情不同，你是自己最佳的可能性。你也同意自己的罪過，你同意自己以前拒絕過的所有內在自我，你看著每一樣事物說：「是的，我同意！」然後，去感覺對你的靈魂及身體有什麼樣的影響。

你只是同意，你同意自己的成功，你同意自己的失敗。同樣地，你由於自己的成功而成長，你也由於自己的失敗而成長。所以藉由同意，你可以放下一些，再往前走，帶著自信往前走。

你同意它，完全以它本來的面目去同意。如果有衝突，你同意其中的一方，你也同意另一方，你也同意這個衝突本身，就以它的本來面目去同意。這樣我們就跟所有的一切融合了。一旦祂收到了同意，祂就完成了祂的使命。

讓我來爲你說一個故事，在西伯利亞草原上有一位助產婆婆，終其一生奔波來回在冰天雪地，不辭千里只爲幫部落的婦女接生，在她過世後，她成爲當地保佑婦女與嬰兒的女神。我與她的緣分發生在某次抽女神卡，才剛認識就給了我一句極具啓發的智慧話語，當時抽出的牌卡寫著：「我都將你接生下來了，你爲什麼不願意展現自身。」是啊！碰觸靈性世界的高敏感特質並不是爲了世界的注視，它是爲自己而存在。也正因爲如此，我鼓勵靈性上高敏感的朋友，對於自身敏銳易感的事物進行探索，找出一套自己獨一無二的經驗法則，當別人說能量的感覺是刺刺麻麻的，就算全世界都如是說，那也是屬於別人對能量的感受。你呢？你身體的反應如何？你體驗到的是什麼？

所謂的社會並不是人的總和，社會是「人的關係」的總和。所以，當我們描繪碰觸到的靈性世界並說出自身感受，處在相似情境的高敏感朋友會知道，原來有人是這樣活著。當越多人願意靈性出櫃，這社會的空間就會慢慢被打開，每一個生命故事都在爲我們拼湊靈性世界的樣貌，靈性高敏感群體的生活樣態也會越來越多元，因爲他們可以用自身本來的樣子在我們面前展現。線性大腦總是期待「打開社會空間」，但我們也知道社會撐出空間的同時，也正在清理「心的空間」。留白，能讓未完的故事寫入新的情節。

對了，忘了問：「你也有看見神聖蝴蝶嗎？」

談談高敏感族群

馬丘比丘建造在群峰當中，印加人是如何運送巨石上山？

在遺址園區有時會遇見兔鼠（Viscacha），身形是縮小版的袋鼠，卻有毛茸茸的松鼠尾巴，以跳躍的方式行進，有南美皮卡丘之稱。

印加民族崇敬太陽神（Inti），當然不願意祂離去。在春分及秋分的正午，拴日石下方沒有任何陰影，代表太陽神願意留下正坐在此處。

祕魯政府為了重現歷史場景，在一些特別的紀念日，會有人穿著傳統服飾或是有羊駝在園區散步。

拜訪天空之城時，心情預備相當重要，當地的豪華觀光火車很值得一試，除了透明車頂與大面景觀窗外，座位也採餐廳設計，可以一邊喝咖啡一邊欣賞車上的表演。

馬丘比丘與印加聖谷的梯田，說明印加人引水灌溉與農業技術相當發達。

# 4 水的儀式與平衡之道

……倘若有人邁著蟲子的步伐　在水面上四處周旋
倘若有人奮發　把陽光高高地扶門攀援
倘若有人能夠遊遍　大海那邊的每一座蜃樓
也還會有別的悲哀　那裡的岸邊沒有船帆……

——《湛藍的西天》拉維科維奇　以色列

車子在蜿蜒山路行進間忽然停止，我睡眼惺忪聽見薩滿長老要請求山的守護者允許，殊不知之後我們抵達目的地已經是兩小時後的事，很好奇薩滿長老是如何知道守護者的管轄範圍哩?!我們站在一個突出的平台上祈請守護者的同意，只見薩滿長老口中一邊念念有詞，一邊捏碎餅乾撒向草堆為生靈施食。當然，向土地敬上紅酒表達對大地母親的感謝，更是儀式裡不可或缺的步驟。隨著踏上南美這塊土地的時間越來越長，從一開始學著「拿香對拜」，如今也漸漸明白每一個步驟代表的意義，只是對於儀式的SOP再怎麼熟門熟路，大自然對於祈請的快速回應卻是我模仿不來的。尤其親眼看見大自然的回應，當下會同步明白這就是應許。

第一次做儀式時，天空飛來老鷹盤旋，我竟大驚小怪地叫。（覺得很俗）

儀式在進行時，不知從哪裡飛來兩隻老鷹在天空交互盤旋。然後……然後發生了令我驚呆的畫面，牠們竟然就停在我們面前的大石上，這不是《哈利波特》這類奇幻小說才會出現的情節嗎？我驚訝地不斷叫著：「老鷹……是老鷹，這太誇張了！竟然停在我們面前……。」多年後，我再一次踏上南美的土地，回家的半路上車子臨時靠在湖邊的峽角休息，看著

薩滿長老告訴我，鵰鳥是艾瑪拉族的祖靈之鳥。（拍謝哩！這麼多年一直叫你老鷹！）

老鷹竟然就停在做儀式的祭壇處。

眼前的湖光山色，心裡叨絮著：「沒想到……我眞的回來了！」這時飛來兩隻飛禽停在前方的石頭上，我一眼就認出牠們就是上回做儀式時讓我不斷驚呼的那一種老鷹。此刻，我看著面前的老鷹流淚不止，有一種被全然接納的感覺，心裡呢喃念著：「對，我回來了！我回來祢們都知道！」

車子抵達目的時，一隻蜂鳥飛來像是表達歡迎之意。烏爾密瑞溫泉是由七處泉水匯流而成的天然礦泉，流下山谷的泉水在陽光照射下，經常在瀑布下方顯現七彩霓虹，也被稱爲彩虹溫泉。在進行水的儀式前，薩滿長老教唱一首歌曲，大概的意思是「土是我的身體、水是我的血液、風是我的氣息、火是我的靈魂」，短短四句歌詞說明了人與自然的關係。這首歌應該帶有咒語眞言的性質吧！因爲一開口唱就會有自己爲什麼存在的明瞭，我用剛學會的西班牙語一字一句哼著曲子，絲毫不知道恐懼即將籠罩，果然是「無常」老師的風格，總會在人們感覺到生活恬靜時突然拜訪。

大夥走入水中圍成一個圈，循環唱著剛剛學會的歌，這時候若是畫面轉成靜音，會誤以為是哪個教會在深山進行受洗儀式。薩滿長老走進圓圈裡靜靜躺在水上，漂浮約莫一首歌的時間，起身示意我們一個個依序進行。看著其他人輕而易舉的水上漂，當下我感覺到自己的害怕，對於一個怕水的旱鴨子來說，這是多麼令人驚恐的一件事，一個從小綽號都離不開「游泳池」「游泳褲」「游泳圈」的人，很自然會抗拒出現在這些相關場景。看到這裡，還不知道我為什麼會有這些綽號？請翻開封面念一下作者的名字，這個人的人生中只要面對新環境或加入新團體時，這些綽號就會如幽魂般形影不離，而這些取綽號的人要經過好長一段時間幼稚病才會稍微好轉。好險現在已經有抗體，

流經不同礦區的溪流，各自帶著療癒顏色匯成烏爾密瑞溫泉。

我不會再因爲幼稚病而確診了。

好了，輪到我了！回來這個故事該發生的情節。好強的我沒有表示不會游泳，也沒有因爲怕水而拒絕嘗試，我告訴自己放鬆躺下就會浮起來吧?!當我故作鎮定往後一躺，緊張的身軀與僵硬的肌肉毫無懸念地帶我下沉……，心想再撐一下就應該會浮起來吧！然而，恐懼爲了證明跑得比奇蹟還快，這時候已經緊緊地抱住我。溫泉的水深並沒有比我高，我仍嗆了幾口水被撈出水面，趕緊說出我是旱鴨子。就當練習過了，本以爲誠意做足可以逃過一劫，但薩滿長老似乎不做此想，她緩步地走向我說：「現在進行水的儀式不是練習水上漂，我們其實是在練習平衡之道，所思所想的念頭身體都會知道，剛剛順利漂浮的人不一定能在其中發現平衡之道的祕密，反而不會的人可以進行以下的覺察練習，現在我們再來試試。」

薩滿長老將雙手平行放在水面，我心裡狐疑地想，她眞的能夠接住我？我這個將近一百八十公分的彪形大漢眞能撐得住？她再一次示意我躺下，身體也靠我更近，耳邊聽到她輕聲地說：「接住你的不只是我的雙手，還會有即將包覆你的水，以及你的信任。」當大腦接收到關鍵的「信任」二字，像是忽然理解她表達的眞正意思，我便放心地緩緩躺下。其實，在身心靈圈普遍存在一個現象，就是爲了打破既有的思考模式與框架，我們在內觀覺察、視覺心像、系統排列、閱讀潛意識或者夢境追尋……等諸多的療癒學習時，容易發生貶抑大腦的傾向。然而，大腦是超級電腦也是訊號處理器，極短的時間可以在眾多歸檔的儲存夾運算出關聯性，協助我們的理解發生觸類旁通的效果，如同我們說「懂！」的時候的那種明白。

這次我瞬間沉了下去，我就知道她不可能抱得住，大夥也笑出了聲。薩滿長老卻希望再來一次，她說：「你的信任在躺下的那一瞬間猶豫了！沒有水的幫助我一定抬不動你。放心把頭往後仰，雙腳一起離開水底，不要怕浸入水中再來試一次。」當我再次躺下，明顯感覺背部與腰部有一雙手支撐著，我聽到歌聲響起卻也注意到浸在水裡的耳朵，幾乎同時間，身體的反射動作讓我想抬高脖子，所以雙腳沉入水中的我順勢站了起來。此時，薩滿長老環視每個人說：「你們看到了嗎？信任與信心完全不同。信心、擔心、恐懼這種類似能量是開放性的，容易受其他頻率干擾而產生變化，簡單來說就是會受外在環境影響。而信任是一種狀態，處在這個狀態或者可以說處在這個空間，身體會散發一種頻率，但那不是能量，雖然有些能量帶有這樣的品質。」

薩滿長老轉過身靠近我說：「你知道剛剛發生什麼事嗎？信心可以讓你完成漂浮的動作，但容易受外境影響，不要有急著想完成一件事的念頭。現在從頭開始往下掃描身體，感覺哪個部位緊緊的就透過呼吸將它釋放開來。當全身都感覺到放鬆就直接往後，不需再回頭確認。」這一次，的確明顯感受到身體被水包覆，只是原本只有耳朵浸在水裡，現在兩側臉頰也在水中了，才閃過情況不妙的念頭，水位立刻淹過嘴巴，雙眼的視線已經可以看到水面了。這一秒我瞬間明白剛剛升起了不妙的「念頭重量」，身體的緊繃似乎又快到下沉的臨界點，清楚聽到自己的呼吸聲拂過水面。此時，薩滿長老要我閉上眼睛，耳朵仍可隱約聽見他們的歌唱，腦海中漸漸出現畫面，夕陽金色的光芒照映島上的景物，躺在一處被海水沾濕的沙灘上，海浪靠近時還能感覺水花飛濺臉上的片刻……。之後，聽說我做白日夢時，原先支撐我身體的雙手變成單手，而支撐我的單手也迅速游移至身形的中心點，直到確認我處在平衡狀態便放生漂浮了。忽然耳邊有笑聲傳來，身體一個下沉順勢起身，而薩滿長老舉起雙手的背影像極了舞台上的魔術師，剛完成高難度表演的她正向觀眾致意討拍哩。

薩滿長老說信任是進到一個空間，那做白日夢應該算是吧（笑）！多年後在李育青老師光啓課堂上，練習「內在地景」時靈光一閃，想起薩滿長老教唱的那首歌，歌詞第一句「土是我的身體」就是說出人與土地間「身土不二」的實踐哲學。而所謂信任是一個空間，是指一種「既內在又外在」的狀態，而薩滿長老處在這樣的狀態裡，平衡的發生是必然的，也就是說：「生命原本的狀態就是平衡的。」那……那些坊間的身心靈課程經常在宣傳時提到的，像是「追求生命的平衡」「追求身心靈平衡」……似乎在認識論上就發生根本性的錯誤，更遑論想透過服用或塗抹靈性商品來獲致平衡，更是緣木求魚了。

薩滿長老的教唱

# 平衡與療癒

說到平衡與療癒，拉巴斯這間自然療法的動物醫院令我印象深刻，牆上圖騰表示醫院是來自於蒂瓦那科的薩滿學習。

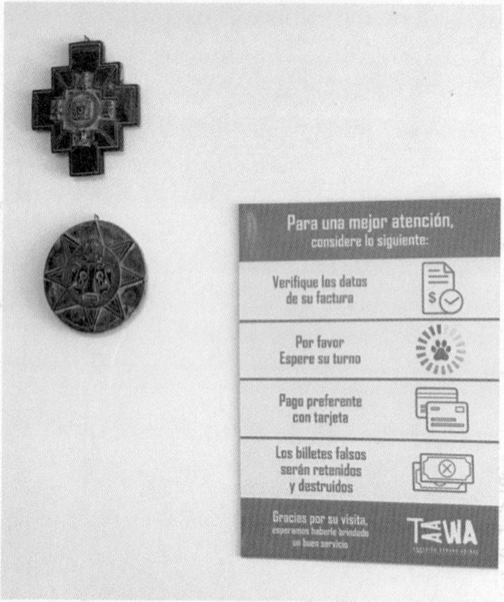

這隻貓正在接受「極性平衡」療法。

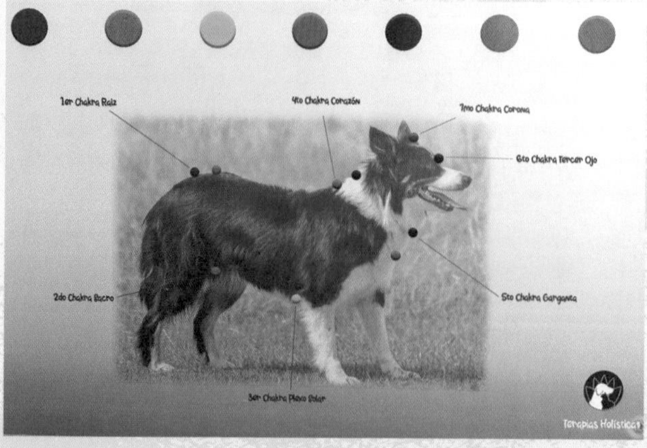


在診間的牆上有動物身體脈輪的位置介紹。

這家動物醫院竟然有提供「花精」治療。

醫院也針對特殊孩童提供動物輔助治療園區。

# 5 想聽你說「我們」的故事

……我心臟的礦脈中　埋藏著一個光點
光點不大但完全為我所有。
既非租賃　也非借貸　更非偷竊
完完全全屬於我自己……

——《我贏得光明並非靠僥倖》比亞利克　以色列

出發的前一天晚上約莫九點左右，我在書房整理行李，雖說已經特別安排飛往阿姆斯特丹機場轉機，但保險起見還是把進行儀式所需的材料分裝，避免被檢查行李的海關人員整包沒收。我一邊分裝一邊叮嚀它們務必要躲好，眼看行李打包與物資確認就快要完成，正想要去陽台喘口氣休息，餘光瞄到書房的窗外好像有些人。想想不對啊！我住十八樓耶！定睛再看窗外依舊是市區夜景，我便走去陽台抽菸。

我再次回到書房準備最後的確認工作。進書房時的視角正對著窗，窗外依舊站滿人，這下我知道無法視而不見了，因為眼前的景象不是我看見而是要我看見。年近半百的歲數經歷過大驚小怪的困擾、自以為是的慈悲以及自我膨脹的傲慢，對於靈性存有的存在，我早已練就視而不見的本事，看見時當空氣一般，不要將眼光停下來，因為當你聚焦在他們身上，通常他們也會感覺得到。你是否有過這樣的經驗，走在路上感覺似乎有人在看你，你左看右看或者轉身便發現朋友正在對你笑。身體的背面有長眼睛嗎？為何會感覺到有人在看你？因為聚焦注視本身就帶著能量，所以當注視的眼光停留在他們身上，有時候是一種打擾。靈性存有跟我們處在同一空間，不代表在生活上需要有交集，就像你在家裡看到隔壁的太太正在陽台晾衣服，你跟她生活上有交集嗎？那你持續關注她是對的嗎？是不是很沒禮貌。

有一些懷疑論者會問，靈性存有真的存在嗎？我年少時沉不住氣，想方設法為了說服對方而爭辯起來，現在看來那只是我自己人生某個階段必然的存在焦慮，這些學校沒有教的事只能摸著石頭過河，爲生命會自己找出路留下證明。現在面對懷疑論者的詢問，我已經學會尊重以「眼見爲憑」建構故事腳本的作者，每個人體驗的故事情節不同，關於靈性存有是否存在的問題，根本無需透過實證去找到答案。不同故事版本有不同的角色設定，角色的戲分多寡也是看故事發展所需，硬要在新春賀歲片安插靈性存有的角色，問過主角想演嗎？觀眾買單嗎？

這樣好了，我們來先請靈性存有離開，單純來討論關於「懷疑」與「相信」。先來回想一下，人生到目前爲止，我們選擇相信以及懷疑分別都是些什麼項目？再仔細想一想，我們選擇相信的項目對你生命產生什麼影響？選擇懷疑的項目又對你的生命產生什麼變化？其實，選擇懷疑或相信都對生命影響不大，我們都活得好好的不是嗎？但是，我還是建議你選擇相信，雖然選擇相信或懷疑對生命本身影響不大，但對於人生劇本裡的情節發展，卻可能會有不一樣的走向。因爲相信與懷疑會讓我們處在不同的能量狀態，一個是開放屬性，一個則是封閉屬性，將會爲我們帶來不一樣的人生動力。

我們剛剛請靈性存有離開，那我們現在邀請「豐盛」進來。身心靈圈喜歡談如何顯化？我們從《祕密》《吸引力法則》《向宇宙下訂單》這類的書籍熱銷不斷，就知道我們的人生多麼渴望豐盛，當然這也意味在看待自己的人生時，我們是如何的匱乏。現在問題來了：**你眞的相信，你的人生是豐盛的嗎**？此時此刻，你是選擇相信還是產生懷疑了？看出差別了嗎？選擇相信的人是預備在物質世界中迎來豐盛，狀態是開放性的；而產生懷疑的人還在原地躊躇，狀態是封閉性的。

故事版本除了邀請「豐盛」，也可以試著邀請「幸福」「平行宇宙」……等種種角色演出，「」可以自己填入。選擇相信所帶來的動力，光是對人生的開放性就足以體驗豐盛的眞義了。什麼?!你問我如果選擇相信卻沒有發生期待的顯化呢？那我要告訴你一個祕密，就算我無法回答你爲什麼顯化沒有發生，仍然會建議你選擇相信，因爲……選擇相信心情會比較快樂，你可以試著想想買彩券後的心情。

的確，有些人相信靈性存有的存在，尤其身心靈圈探索靈性世界的學習者，常常選擇相信卻無法理解他們存在的形式，於是抓取鄉野傳奇不同的元素各自拼湊，「辦事」的效果當然差距很大。畢竟我們已經習慣用語言心智的途徑來學習，缺乏想像能力的情況下，就算碰觸到靈性世界也會黯然失色。靈性存有與我們的生活原則上是各自安好的關係，讓我先問你一個問題：「你覺得你的房子內有沒有螞蟻？」你的回答會是什麼呢？一般來說應該會是「有」。那如果有機會來問問螞蟻：「生活中你有看過人類嗎？」你認爲螞蟻會怎麼回答呢？其實，我們跟靈性存有的存在形式就像是跟螞蟻處在同一空間，螞蟻的視野以及看出去的世界，與我們對房子內的空間有著完全不一樣的認知，牠們無法理解人類是個什麼樣的存在。當我們用手指輕碰牠們，牠們就會驚慌失措到處亂竄，打亂原本依序前行的生活隊伍。現在腦中的畫面是否覺得熟悉呢？我們偶遇靈異事件時的反應是不是也類似如此？那我們的視野是否可以論證靈性存有的存在呢？

啊！怠慢了。窗外的那些朋友還在等我們哩。這次我無法再視而不見，在聽完他們來意後，我有些矇了。他們要跟我一起前往南美（驚）？我立刻拿起手機撥給學習薩滿療癒多年的朋友（當時我尚未學習任何薩滿課程），而她一向都只給建議不做決定。掛上電話後我取出一支手掌長的白水晶柱，向他們說：「你們那麼多人都要去，我行李會超重啦！我現在把這水晶柱放在行李箱上，然後我就要回房間睡覺。機艙有幾個座位我不管，哪些人可以登機你們自己協調好，最重要的我再說一遍：『拜託！行李不要超重！』」走出書房我特地將門帶上，躺在床上大腦不停地轉想著：他們要去南美幹嘛?!爲什麼靈性存有還需要坐飛機？原來水晶裡面有空間，那到底會有幾位跟我出發……？

窗外天色微亮，我打開書房的門，盯著白水晶柱數著：「1、2……7、8，是你們八位要一起去喔！那你們是到祕魯的機場就自行解散嗎？還是你們要跟著一路玩？還有……」再次叮嚀不准超重後，我鎖上行李便起身奔往機場。打從踏上南美的土地開始，身上一直攜帶著小時候遠足的心情，每日睜大眼睛往外看著完全相異的文化表情，完全忘了在行李箱的某個角落，靜靜地躺著一支白水晶柱，當然也不知道這八位旅客是否有自行入境通關。旅程第七天正要前往祕魯的普諾小鎮，在小鎮南邊有一處名爲「阿拉姆穆魯」（Aramu Muru）的地方，這區域已經非常靠近玻利維亞邊境，沿路的住家越來越少，景色也越趨荒涼。車子忽然熄火停了下來，大夥從椅背紛紛探出頭想了解發生什麼事，而往窗外看去就只有道路，以及道路旁的雜草叢生。

我們即將要前往的阿拉姆穆魯，印加帝國時期流傳著一個傳說，在哈尤布蘭德山區隱藏著一

美國FBI解密的文件中，提到南美洲有一處神祕的星際入口，會是阿拉姆穆魯嗎？

個通往眾神之地的入口。只有部落裡眞正的勇士會受到眾神的召喚，能夠發現路口前往神的國度，若是部落發生重大災變，勇士會與諸神再次回來守護土地與家園。然而，全世界的神話都會經歷與不同故事版本對話的過程，促成對話的原因有二，第一個是我們較爲熟悉也是教科書一致的說法：隨著交通❶技術的進步，興起人們對於未知領域的探險，也因此導致帝國間領土擴張的競賽。而另一個比較不熟悉的說法卻是實際進行的：地球母親與人類集體意識進行意識整合，修復神經元擴大意識網絡，爲下一個階段的故事續集做準備。

然而，這一次西班牙探險隊入侵印加帝國，上演強奪黃金的情節時，神話裡的勇士與諸神並沒有回來守護土地，於是傳說要繼續流傳就得發生流變。在當時神聖羅馬帝國的國王授權下，皮薩羅僅僅帶著探險隊與兩百多位士兵，發動了「卡哈馬卡大屠殺」，一路挺進印加帝國的首都庫斯科，當冷兵器與熱武器相遇便加快了神話流變的腳步。一位在庫斯科傳教的天主教神父，由於宣教的關係對印加帝國文化多有了解，連夜將太陽神殿的太陽圓盤取走，一路往的的喀喀湖方向逃去。神父來到的的喀喀湖的高原，遇到世居於此的艾瑪拉族人（Aumara），部落薩滿看見神父手上的太陽圓盤，便將眾神之門的傳說告訴他，要神父聽從內心的召喚帶領族人前往避難。結果神父眞的找到眾神之地的入口，他將手上的太陽圓盤嵌進石牆上的一處凹洞，石牆上的門縫射出一道藍色光線，沿著地面形成一條藍色的道路，神父與族人毫不遲疑地躲了進去。從此，這個神話故事在艾瑪拉族代代相傳，而故事中這位神父名字就叫「阿拉姆．穆魯」。

❶所謂的「交通」可以試著用政府機關交通部的業務來理解，觀光及海陸空運輸帶動金流、人流與物流，中華電信與郵政業務帶動的資訊流，而氣象局關注的大氣環境，因其蝴蝶效應可以將它視為集體意識的呈現。所以交通代表著「流動」「連結」「溝通」「整合」與「網絡」，由於交通二字的理解會影響進行儀式時「社群」的概念想像與「療癒」的發生效度，特別提出做初步說明。

雖然族人們世世代代訴說這個神話故事，仍沒有人真正知道眾神之地的入口在哪。而這正是神話傳說最神奇也最珍貴的篇章，因爲只有生活其中之人才有機會遇見祂。時間來到一九九六年，一位名爲霍禾．路易斯．德爾加多．馬馬尼（Jorge Luis Delgado Mamani）的祕魯導遊做了一個夢，夢中的他獨自走在粉色大理石鋪成的道路上，路的兩旁放置許多同樣粉色系的雕像，一路走到盡頭，眼前竟出現一個粉色巨門，當他目瞪口呆望著眼前的景象時，夢也就醒了。儘管覺得這個夢特別怪奇，但對於才剛入行旅遊業的他來說，睡醒仍需面對眞實的生活壓力便不予理會。只是，如果這不只是一個夢而是個召喚呢？在接下來的日子，馬馬尼不斷重複進入相同夢境，雖然他開始察覺到異樣，但也只能裝做不在意。

當年九月他剛剛擔任導遊，對於新開發的景點習慣預先前往熟悉地形，那天馬馬尼徒步走在接近鄰國玻利維亞的的喀喀湖區，心中忽然升起一個聲音要他前去哈尤布蘭德山區，而當時這區域尚未開發，一眼望去是人跡罕至的荒地。面對荒郊野嶺間的莫名召喚，他必須在好奇與恐懼中擇一前行。所有故事的情節鋪陳，主角似乎都明白一件事，只有帶上有未來性的籌碼才有資格轉動命運之輪，很顯然馬馬尼選擇與好奇一同前行，沒了戲分的恐懼也只能留在過去。馬馬尼順從心中的呼喚持續走著，沒想到前方出現的竟是「重複夢」裡的場景，夢境裡的粉色石壁以及巨型大門就矗立在他面前。消息傳出後，考古和歷史學家蜂擁而至，眼前石壁上這個高約七公尺的大門，不再是口而相傳的神話傳說，眾神之地的入口正式與世人見面。

只是，這個降生於一九九六年眾神之地的入口，現在爲何被稱爲「星際之門」呢？主要是隨著印加文明的研究資料以及出土文物越來越多，發現當時印加文明的天文知識超乎想像。印加文明有一個稱爲「查卡納」（chacana）的圖騰，旅行走在印加帝國範圍的大街小巷、建築群、遺址以及出土的文物中，隨處可見南十字星意象的查卡納圖騰，可見這個圖騰對於印加文化脈絡的理解相當重要。抬頭仰望星空，南十字星雖然小，但沿著十字的正下方卻能正確地指出南方的位置。對於位處南半球的印加帝國來說，觀天象除了能看到巨大的獵戶座星團，南十字星更是重要的方向指引。查卡納圖騰其實是印加古語「查卡」（chaka）的衍生詞，語意的使用上就是「橋」「連結」「穿越」的意思，隨著跨領域研究的不斷發現，學者們的研究與推論使得阿拉姆穆魯的部落傳說與印加文明的來處變得更加具體與鮮活。當神話裡的部落勇士穿越眾神之門，遇見的神可能是獵戶星人，關於印加文化來自外星文明就此展開，於是大家開始稱呼此處爲「星際之門」。

在祕魯、玻利維亞的街道上隨處可見查卡納圖騰。

當時庫斯科的太陽神殿被西班牙人拿走黃金、拆毀寺廟，在遺址上方蓋聖多明哥修道院和教堂。

教堂倒塌後便傳出基督雕像消瘦變黑，因而有「地震基督」的稱號。從教堂內黑色的基督雕像到棕櫚葉編織十字架，都為基督宗教本土化掀開新頁。

相傳以棕櫚葉編織十字架將獲致一年平安，聖周慶典期間可以看到當地婦女販售平安編織物。

一六五〇年的大地震造成五千多人喪生，上方的教堂完全倒塌，而下方神廟的石牆卻完好如初。

回到我們的故事章節，已然矗立眼前的就是星際之門，薩滿長老正在說明儀式將如何進行，我卻在此時忽然想起白水晶杜一事，心裡彷彿聽見：「對！快來帶我們過去，我們要前往的就是這裡。」然而當下我是猶豫的，因爲從下車處到星際之門有一段相當距離的山路，加上這裡不是知名觀光景點，是族人前來做儀式才在叢生雜草間踩踏出一條小徑。但我終究敵不過內心傳來的催促聲，在取得白水晶杜後用小跑步的速度回到星際之門，當時幾乎所有人都已經依序完成儀式，只剩司機、翻譯等工作人員還在進行。薩滿長老遠遠看見我就示意上前去做儀式，我手上拿著水晶氣喘吁吁地走近時，趕緊拉了身邊的朋友權充臨時翻譯。沒想到，薩滿長老一開口竟然是問我：「你有什麼企圖?!」

「啊！我有什麼企圖?!」我一頭霧水，腦中閃過許多小劇場。現在是薩滿長老生氣在指責我嗎？還是手上的白水晶會破壞聖地的能量場？我趕緊把出發前一天在台灣發生的事，以及爲什麼跑回車上拿水晶的前因後果，一五一十地全盤托出，並且不斷強調我沒有任何企圖。這時隨團翻譯完成儀式走了過來，

所謂的「Kintu」是用三片葉子作為訊息的載體，象徵三部世界的合一。在台灣的學習是使用月桂葉，而這裡是古柯葉。

一陣嘰哩呱啦伴隨幾次大笑轉頭對我說：「長老看你走來的時候手上拿著白水晶，她要你去看是帶著什麼樣的神聖意圖。（拜託?!企圖與神聖意圖兩個語意差很多好嗎？）」還好澄清過後撥雲見日，一切終於「我懂你的明白」。帶著神聖意圖的我走向星際之門祈請協助，同時對這樣的示現與教導充滿感謝。薩滿長老隨即要我面向四方，依序將自己的氣息吹進古柯葉，最後面向太陽用力向手掌上的葉子吹氣，埋入土裡將訊息全部交託給大地母親。據說將近三十分鐘的儀式裡，守護者一直盯著，薩滿長老指著對面山頂，一隻禿鷹面向我們的方向靜靜站著。

任務完成使故事有了圓滿的收尾，

將自己的氣息吹進Kintu，同時帶入神聖意圖給予大地母親。

對我來說南美是個完全陌生的國度，也從未涉略薩滿文化，更別說關於星際之門的神話傳說，八位靈性存有爲何知道要去哪裡？他們是否已經抵達要去的地方？我們回顧部落的神話傳說、馬馬尼的夢境，以及八位靈性存有的攜伴同行。故事裡只要有一個環節變動了，便會發展出不一樣的結局。那麼，是什麼因素起了關鍵性的作用，讓故事中的星際之門降生來到物質世界呢？我想答案會是「社群」。薩滿廣義來說就是社群，這個社群的形成始於互助，傳承是以愛爲基礎而非恐懼；如果你也認同這個定義，那麼我們會知道故事裡的每一個相遇，都是爲了互助而相互輝映。換句話說，薩滿旅程的路上**每一個故事都是眞的**。

你聽！是薩滿鼓的聲響，踏上自己的旅程吧！放心去體驗旅程中的所有發生，帶回你穿越後的故事。我已經燒了一盆火等你，準備聆聽我們的故事。

將古柯葉埋入土中，意外發現一旁有八朵小花。
（好巧！祢也知道有八位？）

# 6 印加文化的神靈信仰

可是　在上帝的全息宇宙裡
總共才三個人聽見了你那句話
除了講話的你、聽話的我，就是他——上帝自己！
我們中間還有一個出來答話
那昏黑的詛咒　落上我的眼皮
擋了你　不讓我看見
就算我瞑了目　放上沉沉的壓眼錢
也不至於那麼徹底隔絕。

——《葡萄牙人十四行詩集》勃朗寧夫人　英國

在你我之間流傳的神話故事持續地說著，還記得那位名叫「阿拉姆・穆魯」的神父嗎？話說他帶著太陽圓盤從印加首都庫斯科往的的喀喀湖的方向前去，當時印加帝國的面積幾乎包含整個南美洲西半部，為何他會選擇往的的喀喀湖奔去？是禱告時聽見上帝的旨意嗎？還是聖靈充滿後的方言訊息？又或者，真的如人類學家事後諸葛的推論，神父往這個方向是為了遇見世居在此地的艾瑪拉族人，好讓神話傳說悄悄地將這個強悍的族群納入印加帝國。然而無論是哪一個故事版本，都一定要安排神父走向的的喀喀湖，因為這裡有一位對印加文明來說非常重要的創世之神。當人們遭逢危難，帶著神賜與的聖物奔向神的懷抱是非常合理的劇情發展。只是你是否也有發現這個版本的神話故事，在海選主角時默默地選了一位外國人！

## 出現在的的喀喀湖的Wiracocha

在印加的創始神話中，有一位創世之神「維拉科查（Wiracocha）」，世上的一切都是因祂而生。我個人覺得祂非常有人味，手上閃耀著光，會戴著太陽當作皇冠，為了滋潤萬物便流淚成為雨水。就連創造人類這麼重要的事，也會不小心搞砸作品，我彷彿可以聽到祂大叫：「人類……人類壞掉了！」印加創始神話是這樣描述的：祂將氣息吹入石頭完成第一次創造，然而第一個人類巨大到土地無法承載，所以祂又令大洪水摧毀巨人，洪水過後祂從的的喀喀湖走上岸邊，拉著太陽神重新照耀大地，再一次用較小的土石進行創作，終於創造了適當的人類。

第八世印加國王曾經夢過創世之神，夢中的維拉科查白皮膚、穿長袍、長鬍鬚。

維拉科查創造完人類後向大海走去，要去巡視祂創造的世界，去教導其他族群智慧與文明。祂消失在大海的盡頭時留下一句話：「當時局艱困，而這塊土地上的子民們需要我時，我將會再回來。」天啊！這神話故事裡的情勒情節根本使用了電影分鏡表。或許維拉科查的個性預示了人類意識進化的途徑，祂將自己的氣息吹入土石進行創作，那一刻起人類就註定活在故事裡。這位非常人性化的印加大神，嘴巴說著若子民需要會再回來，然後酷酷地向大海的盡頭走去，但內心還是掛念印加子民，經常演出「口嫌體正直」的劇情，除了會讓印加國王夢見祂，對於帝國未來可能的遭遇也會給出意見與提醒，正是如此入世與好親近的個性，無論在朝野或民間，祂的民調好感度一直居高不下。

## 刻在心裡的名字：Pacha camac

雖然在生活中，祢不像維拉科查那樣容易親近，但祢一直在我心裡。鮮少人知道印加民族有一位「名可名、非常名」的神，不知其名遂強曰其名：「帕查卡馬克」（Pacha camac），意思是賦予宇宙靈魂的神，這位帕查卡馬克沒有形體，帶有精神與認知層面的性質。印加民族對祂極為尊敬，不！是敬畏！敬畏到不敢直呼祂的名諱，也不敢為其建造神廟，更不敢進行供品獻祭等相關儀式。印加人明白宇宙是因祂而生，任何像是建廟祭祀的人類行為都是一種褻瀆，因為任何的起心動念與行動，都表示人類企圖用自己的思考去理解祂。

印加文明有著帕查卡馬克的存在，表示印加人的宇宙觀帶有「單一神」的概念，在其信仰深處已經揚棄偶像崇拜的桎梏，但卻又可以在他們日常的生活中呈現出「萬物有靈」的崇拜形式。印加民族的信仰裡似乎內含一個很有趣的辯證，先不論創世之神是有位格的維拉科查，還是無法直呼名諱的帕查卡馬克，他們都知道天地萬物皆由創世之神所造，而所造之物也都各自有神，所以認為崇敬山神、雷神、動物並不會對創世之神不敬，更不用擔心會激怒祂。我們換另外一個角度來理解，印加人明白萬物由創世之神而來，那麼祂所創造之物就必然帶有神性。一旦我們從這個視角來認識印加文化，便有機會看懂薩滿儀式中出現的日月星辰、山河雷電、動物以及植物。

當創世之神與萬物有靈可以不衝突，意味著眼前所見的任何事物都是允許也應該存在的，因爲一切都來自於祂。也就是說，印加文化的宇宙觀多元且具有包容性，而「人」的位置是處在互相交織連結的緊密關係裡。延續上述的脈絡，我們也就可以進一步發現，所謂「印加帝國」的說法是歐洲人用國家概念在理解當時的印加文明。

印加帝國的「帝國」二字，在奇楚瓦語稱爲Tawantinsuyu，意思是「四方之地」或是「四地之盟」，而「印加」（Inca）則是「領主」的意思，並非指稱極權統治。因此，所謂的印加帝國是以庫斯科爲中心，有不同道路連接不同的城鎮，有些地方甚至有不同的語言、習俗、以及地方神靈，統一在崇拜太陽神的信仰裡，是一種聯盟形式的存在。

圖為印加的四方之地，庫斯科的名字是臍輪的意思，像一輪太陽放射光芒，道路向四周延伸至不同部落。

## 生活中的太陽神信仰

世界上的許多文明都崇拜太陽，但對印加族群來說，太陽神「印提」（Inti）是非常重要的

太陽島的餐廳牆上繪製一幅當地的神話，印提命其兒女拿著黃金手杖尋找印許之地。

薩滿長老用圖說解釋人與Wiracocha、Pachamama之間的對應關係。

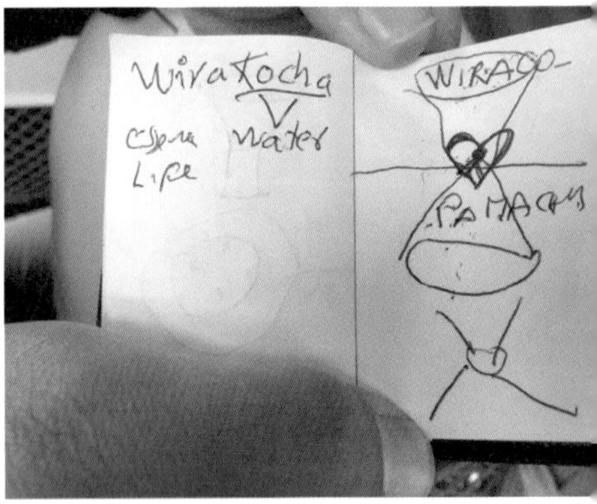


核心信仰。印提的妻子是大地之母帕查瑪瑪（Pachamama），祂的妹妹同時也是另一個妻子，則是月亮女神瑪瑪基利亞（Mama Quilla），構築出賦予生命、萬物滋養以及守護世間的職能。爾後太陽神又將文明傳授給祂的兒女，命他們把知識傳授給人類，進而成就印加文明，而印加人也以太陽族裔自居。

當印提命自己的兒女尋找應許之地，兒子「曼科．卡帕克」與女兒「瑪瑪．奧克略」從的的喀喀湖出發，一路上嘗試把黃金手杖插入泥土都沒成功，一直來到庫斯科才順利將黃金手杖插入大地，應許之地庫斯科正式成為首都，屬於印加帝國的黃金歲月從此展開。印加國王為世襲制，自稱為薩巴．印加（Sapa Inca 或 Inca）意思是「太陽之子」，是太陽神在人間的代理人。所以每當冬至來臨，印加國

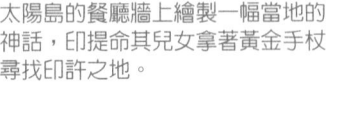

王便會在庫斯科主持太陽祭，感謝太陽神的回歸爲這塊土地與子民帶來豐收。

現今的祕魯官方在庫斯科重現印加帝國的太陽祭盛況，每年都吸引數以千計的遊客來訪參加。太陽祭的克丘亞語爲「印提．拉伊米」（Inti Raimi）或「印提普．拉伊米」（Intip Raimi），意思是「太陽的復活」或「太陽的路徑」。整個祭典長達九日，儀式開始前三天，人們禁慾齋戒尤其是禁止生火。扮演印加國王的人代表主祭，在庫斯科的廣場迎接太陽升起時的第一道曙光，祕魯當局的政府官員、軍隊、全國民眾以及扮演四方領主的諸侯共同向太陽敬拜。此時，印加國王會向太陽獻酒並倒入大地，經過地表特別設計的管道流入太陽神廟，象徵太陽神接受人們所敬奉的酒，緊接著印加國王走進神廟進行牲畜獻祭，觀察牲畜剖開後的內臟形態，以此占卜作爲整年度的治理提醒。

印加帝國將太陽神信仰與政治制度結合，後人習慣形容成「政教合一」，尤其第九代統治者帕查庫特克有系統地推廣印提信仰，在各地建立供奉太陽神神廟。但如果我們從語言脈絡來理解，印加帝國的原意是「四地之盟」，所以稱國王帕查庫特克加強了「君權神授」的正統性較爲妥當。

圖為第九世印加國王帕查庫特克，他大力推廣印提信仰並在各地興建太陽神殿。

在這裡特別提出「政教合一」與「君權神授」的不同，主要是要解釋所謂「政教合一」，是指以國家為主體，透過宗教進行統治；而「君權神授」則是以代理人為主體，取用神話中的元素強化代言的正當性，意在表示創始神話早在印加帝國之先，就已經流傳於部族之間成為四方之地的信仰。

## 三位一體的創世神話

細查印加文化中的神靈信仰，有維拉科查吹氣造人、無以名狀的帕查卡馬克、以及生活中的太陽神，這不就是印加版的三位一體嗎？是不是像極了《聖經》《創世紀》所提到的，人類是依祂的形象所造、感受聖靈充滿的臨在以及行在世上耶穌的愛。作這樣的類比不是為了指出相似之處，而是去看見創世神話信仰的核心，三位一體的概念不是在談三個不同位格或不同屬性的神，重點是在談人與神的關係。當三位一體的創世神話是神人關係上的表達，我們便能清楚明白一件事，創世神話不是只為了告訴我們從哪裡來，也在生活的關係裡知道「我是誰？」。

此時此刻，我與你各自有著不同的故事版本，你所處的故事中「祂」是否存在呢？一定要記得，我們與神的距離其實就是我們與自己的距離，只有喜歡並接受自己的樣子，故事情節裡的「祂」才會有戲分，而我們才會相遇。

拉克奇（Raqchi）鎮上有一處維拉科查神廟，可惜在西班牙人入侵時被破壞殆盡，遺址的牆長九十二公尺、寬二十五公尺、高二十公尺，可以想見神廟當時之規模。

祕魯的普諾小鎮坐落於的的喀喀湖岸，街道上畫著創世之神話。因創世神是從的的喀喀湖走上岸，所以湖岸的小鎮路邊都可以看到這個神話的描畫。

神廟的中心支柱高達二十公尺，是目前印加遺址最大的屋頂建築。

印加旗幟（Wiphala）的使用，說明印加人是以聯盟的形式生活在安地斯山脈，每個格子代表不同部落區域，印加人稱白色為科利亞蘇尤，黃色是蒂蘇尤，紅色代表欽察蘇尤，而綠色則是安蒂蘇尤。

# 7 聲音能帶你穿越

決不要害怕剎那
永恆之聲這樣唱著

——《飛鳥集》泰戈爾　印度

## 吟唱：第一次試飛

近年歌唱比賽節目興起，讓我們有機會見識到台灣原住民的歌唱實力，於是我們會聽到一種說法：「對原住民來說，唱歌是一種天賦。」這句話本身沒有問題，是讚美原住民與生俱來的唱歌能力。但對非原住民的人來說，無形中會不會變成一種限制性語言？「天賦」是「天生具備或老天給予」的意思，也就是說，唱得好不好聽是一回事，但一定是人人都有唱歌的能力。試著回想一下，我們上一次開口唱歌是什麼時候呢？「唱歌」這件事似乎因爲不同的環境脈絡有不同的意義。當歌手站上舞台是工作；我們在KTV歡唱是社交聯誼；對著心愛的人唱情歌是表達情感；而唱生日快樂歌是獻上祝福。但只要細究台灣原住民或其他地區的部落文化，開口唱歌並不是爲了創作或比賽，所有關於吟唱都跟生活息息相關，從工作、種植、生活扶持、居所搬遷、祭拜、稱頌祖靈、不同歲時祭儀都有其歌曲。所以，我們可以改變說法：「對原住民來說，唱歌是一種天賦的使用。」

台灣身心靈圈從事能量相關工作的人，似乎眞的對「吟唱」相對陌生，將聲音當作一種能量使用更是少數。大多數人習慣用手技感知來測量能量，喜歡用直覺在天上飛，喜歡借助能量工具壯膽，甚至慣用頭腦在理解能量工作。會不會我們只是因爲害怕評價、擔心瘋癲、莫名偶包的人設問題，所以捨棄了吟唱的途徑？我人生中的第一次吟唱，不！嚴謹地說應該是：我人生中第一次「發生」吟唱很好笑，那畫面回想起來很LOW。那是發生在玻利維亞四千公尺的高山溫泉，當時在鄰近的火山做完儀式，其他人換裝準備下去泡湯，山上溫度低加上戶外溫泉的環境簡陋，光想到泡完湯上岸的那一刹那，就禁不住打起寒顫。我找了塊大石頭坐下，一個人靜靜地望著眼前的火山，寒風令人身體緊縮，忽然間喉嚨感覺有東西要湧出，也不像是要嘔吐，比較像是喉嚨在騷動，吐出一個音之後便開始嗯嗯啊啊……哼了起來！

我狐疑地問自己現在是在演哪齣？現在是在幹嘛？到底是在唱什麼啦！我腦海裡竟然就出現了影像畫面，然後……然後開始浮現文字，寫著「月夜的森林……」。這太荒謬了，這是在解釋我正在吟唱的內容嗎？不行！不行……這讓我聯想到早期卡拉OK伴唱帶，這樣下去我會變成一台移動式「你歌」伴唱機。對！就是你現在腦中想的那一種，下面會有一排歌詞，唱到哪裡歌詞的顏色就變到哪裡，中間空檔伴奏時歌詞的開頭還會出現一個小圓點在跳動。當負責文字邏輯的左腦開始狐疑時，上述一切早已經停止，畫面仍停留在月夜森林，想到這裡我禁不住地發笑，心裡想我是不是壞掉了?!點了菸把外套拉緊些，身體帶點動作避免自己又胡思亂想，耳邊依稀還能聽到溫泉池傳來交談聲。再一次將視線望向瀉湖前的火山，才一下子光景，喉頭又騷動起來，才吐出個單音吟唱就洩了出來，這次不只是你歌伴唱帶的畫面同步，而是連在唱什麼都知道意思。腦中的畫面是在高原四大火山的環繞下，手執古柯葉吹入氣息，面向四方邀請祖靈，月色下我看見部落的婦女們在祈禱，祈求戰士們平安歸來，而我的吟唱也融入成了婦女們的禱詞：

月夜　森林成了剪影
月光照映婦女的臉龐
迫切的禱告聲　令世界安靜的出奇。

父子弟兄遠方歸來
月夜下　氤氳的泉池
爲彼此洗淨一身疲憊與創傷
戰士沒有凱旋而歸。

不是每個戰士都會贏來凱旋而歸的結局
不是每個能量的取求　都是加法
不是每個能量都要強而有力。

回家吧！成爲父親。
她們正在祈禱
回家吧！成爲兄弟。

她們正在吟唱
回家吧！那裡有療癒的魔法
回家吧！那裡有平衡之道。

## 家屋後山的巨石群

多年後再次回來南美，我跟隨薩滿長老前去山上的傳統家屋尋根，她的血統是「克丘亞族」與「艾瑪拉族」的結合，使用的語言爲艾瑪拉族語，血緣與薩滿傳承的認同是以艾瑪拉族自居。我們先在DidiBaga山腳下的艾瑪拉社區聚落，拜訪當地耆老Emeterio Condori Vargas，循例向家中祖靈稟報說明我們的來到，一樣是以古柯葉與紅酒來敬告稱頌。席間我介

艾瑪拉族人透過音樂表達崇敬。

紹台灣紀錄片《阿查依蘭的呼喚》，因爲這裡的艾瑪拉族人搬遷後鮮少人再回去了，目前山上的傳統家屋也無人居住，在Condori PaPa的心中一直有個呼喚，希望有生之年能夠重返祖先們生活的居所。

祖先家屋在海拔四千三百公尺，對我來說這個高度不成問題才是，但是當天我卻嘴唇發白、眼冒金星、全身發麻、舉步維艱。薩滿長老看在眼裡不發一語，只是經常停在路邊等待我們，直到抵達家屋時我的身體才整個鬆開，臉上也才恢復血色。這時薩滿長老才說：「我們回來家屋的路上，艾瑪拉族人各自有居住過的記憶，大家似乎都沉浸在記憶的情緒能量裡，一路上來天氣瞬間驟變，一下颳風下雨一下烈日曝曬，關於家的記憶全都湧上來翻騰了……。」

或許，我們要先刪除衛星導航裡曾經設定過的目的地，才能真正踏上回家的路。

初見艾瑪拉族的傳統家屋，心理不免疑惑
Condori PaPa為何會想搬回來山上住？

Condori PaPa細數當年興建時的點點滴滴，我忽然
明白所謂的搬回來，是想走回他的故事裡。

艾瑪拉族傳統用布巾包覆的主食，有蒸煮的香蕉、馬鈴薯與蠶豆，以手取食。

前往巨石群前，向安地斯山祖先以及家中的
Monolito Cruz Andina稟報。

在艾瑪拉族的家屋後方海拔四千七百三十九公尺高的頂峰處，有一「巨石群」祕境可以遍覽群峰，視野可以遠眺的的喀喀聖湖，對族人來說那裡是家園的守護者，也是家族力量的來源。出發前我心裡頭一直納悶，前去拜訪巨石群的族人為什麼要帶著樂器呢？當音樂吹奏下去時我像是被點了笑穴，眼前畫面讓我無法抑制地邊笑邊喘，還得使勁地爬坡跟著一起「上山頭」，如此不同的習俗正直面襲擊我。只是當我們走進巨石群，音樂與吟唱在其中穿梭，那毫無違和感的景象震攝了我，飄散音符的樂器在山林間變得不做作了，那種對守護者的崇敬是一種美。原來，對艾瑪拉族來說，音樂是一種祭祀的表現形式，祭祀不是只停留在物質層次的奉上祭品，包括與祖靈相遇的愉悅心情也可以敬獻。

作為一個信仰萬物有靈的印加民族，打從心裡開心地沉浸在大自然中，就是一種崇敬表現。所以在巨石群前禁不住地吟唱、演奏樂器都是再自然不過的事。我終於真正明瞭吟唱的意義，聲音可以是乘載能量的載體，許多薩滿透過吟唱穿越不同意識與世界，也編寫進所謂的神聖意圖。忽然想起我在電台節目中，曾經介紹布農

是不是很像獅子？巨石群有著各種表情。

，

家屋上的巨石群守護著山腳下的艾瑪拉族聚落。

族霧鹿部落的「八部合音」，原來那層層疊疊的合音就是一種透過吟唱進行的能量編織，編寫進關於豐收的願望，歌聲越和諧小米便會越豐收。

守護艾瑪拉族的巨石群

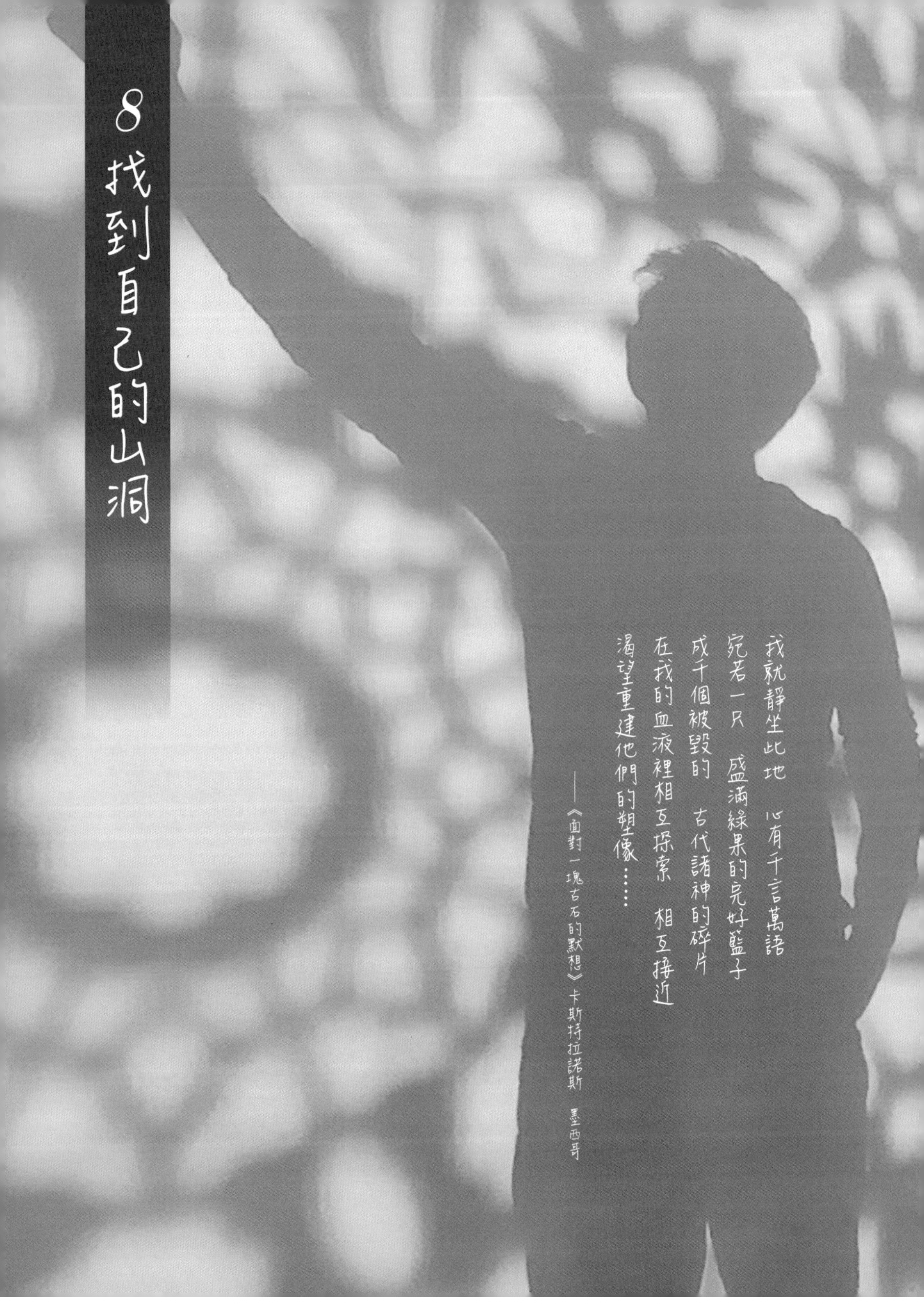

# 8 找到自己的山洞

我就靜坐此地　心有千言萬語
宛若一只　盛滿綠果的完好籃子
成千個被毀的　古代諸神的碎片
在我的血液裡相互探索　相互接近
渴望重建他們的塑像……

——《面對一塊古石的默想》卡斯特拉諾斯　墨西哥

目的地要前往哪裡，老實說我不記得了。據說上方已經蓋起小教堂，深山裡人煙罕至根本沒有人會去做禮拜，只知道那是個薩滿長老會去工作的能量點，算是她的口袋私人行程吧！車子穿梭在安地斯山脈，越過一座又一座山頭，沿途望去都是一個人高的仙人掌，中午吃的依然是吉普車司機隨車準備的「祕魯味」❶。

薩滿長老邀我們餐後去山林間散步，唯一的任務是去找找自己的山洞。她說道：「……要找的山洞必須是天然的，因地形變化自然成型或者動物棲居後留下的都可以，洞口高度必須要人走得進去，稍微彎腰的也行。尤其深度一定要夠，至少要能走得進去二至三步，找到時記住位置後回來找我。」我立馬抱怨自己的身高太高，要找到符合的山洞實在是太難了。薩滿長老笑著說：「三三兩兩走一起你們是不可能找到的，就算眞的找著了那要算誰的

深山裡，一處人煙罕至的陰性能量漩渦，為何會蓋起超級小的教堂呢？

安地斯山脈仙人掌都長得比人還巨大

呢？我說的是找到屬於你的山洞。心裡要預備好與它相遇，然後就獨自出發……。」

現在是在玩真實版的生存遊戲嗎？出發前她還叮嚀帶上水壺要大夥分開走，可是山間行走哪來那麼多分岔路？不過，原始林的好處是可以往上攀爬或往山谷下切，還是能踽踽獨行走自己的路。高原氣候的溫度雖然感覺涼爽，但太陽還是挺熱情的，手臂一不注意便是半截紅。我知道有些人仍是走一塊，在山林間我倒是一點害怕的感覺也沒有，這真的要感謝我的母親，周歲時爲我「做膽」時特別挑了一顆大石頭，據說當時外婆還一邊嚷嚷：「男孩子，膽子大一些好！」

約莫過了半小時，一個人走在山凹處開始感到有些無聊，沒了陽光的林子也有了涼意，隨著交談聲越來越遠，老媽附贈的膽子似乎也快失效，心中升起了返回的念想。正當我停下腳步喘口氣，喝水抬頭的視角看向不遠處上方，我知道我應該找到了，一種就是知道的感覺。通常膽子多了興奮，力量就會大些，眼前一層樓高的土牆石壁，當作攀岩我硬是爬了上去。果然一個山洞出現在面前，高度約莫一百五十公分，洞口寬約一百公分，走進去大概兩步路，石堆雜草讓山洞變得狹小。

❶ 祕魯味，並不是特殊醃製的蜜汁滷味，而是因為旅程中上山下海，餐點多半是由吉普車司機親自料理，為了避免食材腐敗，雞肉會炸到不留一滴水分，搭配以鹽巴、橄欖油烹煮的玉米、馬鈴薯、紅蘿蔔等根莖類蔬菜。團員們痛苦地戲稱這樣的野餐方式為「祕魯味」，不過換成時下流行的用語，我們可是吃養生的「原型食物」哩。

邀請正在閱讀的你，試著一個人走進山林，去覺察升起的害怕到底是什麼？（建議晝夜都嘗試看看）

找到與硫磺共生的山洞。

只是那我現在要幹嘛哩?!他們經過這裡會發現我嗎?!現在要怎麼下去?!找到了山洞然後哩？坐在洞內，我一方面希望能夠聽到他們的交談聲，一方面仔細看看是否有毛髮或者排遺等蛛絲馬跡。身體因爲剛剛的攀爬出力開始冒汗，我拿起手機往洞內洞口拍了些相片，不過才十多分鐘的光景，就算膽子再大也開始感到渾身不自在。我用雙手試著抓住岩壁上的雜草，腳上踏的石頭完全不靠譜，剛剛攀岩用來踩踏施力的石頭根本不足以支撐身體的平衡，只能用人肉「跌剎」的方式滑下去。返回的路上，遠遠便能聽見他們問我跑哪去了？看得出來他們已經等候多時，想當然也只有我找到山洞（到底，到底我是在認眞什麼啦！）。薩滿長老用手指拉大手機螢幕的相片，指著山洞上方佈滿的黃色晶體，她說：「硫磺帶有治療身

不是為了滿足身心靈課程，薩滿是要擔起部落與族人所面臨的生存問題。

體的功效，表示身上帶有療癒的能力，你可以學習當個藥人……因為時間的關係我們先趕路，晚上找個時間來說說，在我的傳承學習裡找山洞的故事。」

在玻利維亞，年雨量非常少，水資源缺乏一直是這個國家需要面對的問題。大夥在晚餐後如常的一個一個輪流盥洗，一些人圍著薩滿長老聊天，我走了過去表示想聽故事，她馬

玻國一直有水資源缺乏的問題，圖片中的簡易集水設備，運用細網攔截空氣中的水氣予以收集。

上就記起下午的承諾。然而，我永遠無法忘記她開場的話頭：「你們知道嗎？薩滿的存在不是為了教導身心靈療癒，薩滿的能力之所以強大是因為服務社群，在古時候，薩滿的肩膀是要負擔起部落的生存，成為薩滿是要受苦的，不會有人的願望是想追求成為一個薩滿。當然，現在不一樣了，生存變得比較容易，現在學習是為了傳承薩滿的智慧，以及不一而足的知識系統……。」

古時候在部落裡有個傳統，男孩過了十三歲若是要訓練他成為真正的勇士，父親、祖父或男性長輩會帶著他走入山中，尋獲山洞時男孩便會被留下，其他人將洞口堵住後離去，最少三日至多七日不等。能夠待在黑漆漆的環境中，直面內心升起的恐懼卻還能安然入眠，是成為勇士非常重要的心理素質。而有些無法入睡的人，恐懼在黑暗中幻化成令人害怕的怪物，有人會大叫喝斥、整夜對峙、或是看見祖先來幫忙都是很好的訓練過程，因為擁有力量的第一步，不需要表現得多麼英勇，只需要敢直視黑暗。現在已經沒有人進行這項傳統的勇士訓練了，剩下少少的部落仍然保留這個傳統，對象是被揀選的薩滿或是發生所謂「薩滿病」的人，被丟進山洞的儀式多半是象徵性質。

「……擁有力量的第一步，不是要表現英勇而是敢直視黑暗。」當下，對於薩滿長老說的這句話感到相當震撼，真的是穿透身體震動了靈魂。試想在山洞裡被剝奪了時間，沒有黎明前的黑暗，沒有天明後拯救的盼望，處在只有自己存在的世界，無論黑暗幻化出多少可怕的畫面，還是得找出各自安好的相處方式。拉回到我們的社會脈絡，若是遇到生活中無法解決的難題，感覺週

關於穿越，是直視黑暗翻閱另一版本的故事。圖為烏尤尼小鎮的裝置藝術。

遭沒有人可以幫上忙，台灣的民間宗教總習慣直接將各類問題包裹成「解決方案大禮包」，統稱它們爲「冤親債主」。這種化繁爲簡的方式確實容易使人接受，尤其這背後的能量運作邏輯，符合法國人類學家馬塞爾・莫斯提出的「禮物」與「交換」。若我們回過頭來用薩滿長老故事裡的脈絡思考，所謂的冤親債主不就是自己在洞裡的所有幻化？那麼使用「解決方案大禮包」，不就錯失了小我鍛鍊的機會。

我們已經降生在地球了，注定只能在「小我健身房」追求靈性成長，每一次小我鍛鍊就像是打開福袋，裡面的東西是否有用或是物超所值，每個人在不同階段的感受都不相同。當一個眞正的勇士擁抱黑暗面，接受全部的自己後走出山洞，我想，當這一天來臨時，我們會對福袋不再感興趣，也因爲領略生命的豐盛，也就不需要執著人生裡的小確幸。

所以，現在你手上還有福袋嗎？那要好好享受福袋還能提供的驚喜。

走出山洞意味著離開「受害者」的位置，也才是開始為自己生命負起責任的時候。

# 9 海底神廟浮上來了?!

你我相逢在異域的旅途
權作一雙闊別的知音
我滿眼醉意　將袖中詩稿
呈給你這清醒的人兒

——《醉歌》島崎藤村　日本

我在書的一開頭提到，有些祖靈聖地只有部落的人才會知道，一般外人或者觀光客根本不會到訪，甚至有些地方只有薩滿與部落的少數人才知道，海底神廟就是其中之一。嚴格來說應該稱爲湖底神廟，因爲它就位於的的喀喀湖裡，這個海拔三千八百一十二公尺世界最高的高山湖泊，面積八千三百多平方公里，有台灣的四分之一大，對於玻利維亞這個內陸國家來說根本就是海洋，而我也喜歡稱它爲「海底神廟」。

當時前往海底神廟時，只有薩滿長老與少部分族人知道正確位置，然而聯合國在二〇一二年探測到此處，為了不破壞目前的遺址與文物，玻國政府暫時不打算進行打撈與保存作業。（這張照片可以和109頁一樣在獻祭紅酒的照片一起看，海底神廟真的會浮出水面。）

拜訪海底神廟的行程，一般來說沒有辦法當天來回，因爲通常會一併前往拜訪太陽島、月亮島的神廟。還記得嗎？那個很有人味的創世之神「維拉科查」，當時創造人類之後拉著太陽就在這個湖邊上岸；而太陽神命祂的子女將文明知識傳給人類，這個神話故事也是發生在這裡。對了！要前往拜訪海底神廟，也會像在陸地上一樣需要請求守護者允許，所以船舶會停在海上的某處請求允許，一個外觀看起來像是天然閘門的地方。比較特別的是拜訪海底神廟前，會先去一個名爲「地球子宮」的地方獻上紅花，有時如果沒有得到允許，湖水便會上漲讓船隻無法順利靠近。

考古與人類學家若是不懂能量運作，神廟遺址的空間想像將有所限制，比方說圖中這個傳送門（Portal Gate）就是能量傳送管道的概念。

太陽島神廟遺址前的祭壇。

生理男性記得向內在女性致敬，因為靈魂修復往往需要運用到她的能量。圖為月亮島上的神廟。

儀式使用的紅花是獻給大地母親，而白花是獻給聖山。

依據地球七脈輪的說法，的的喀喀湖是第二脈輪，臍輪的位置在恥骨與肚臍之間。有趣的是，族人口中的地球子宮能量點也剛好在這裡。

我前後兩次拜訪海底神廟，第一回的印象令人感到驚奇深刻。那天抵達目的地時，船隻關了引擎停在湖面上，失去動力的船搖晃得厲害，我探出頭往湖底瞧，隱約看到綠色水草搖曳地飄著，獻上紅酒以及從台灣帶來的水晶，一行人進行完儀式❶，便陸續爬上船頂的平台，小船頭重腳輕更顯搖晃。薩滿長老要大家都坐下來靜心冥想，口中念的禱詞大意是：「……我們從世界各地來拜訪祢，帶著崇敬的心想要見祢一面，謝謝祢從創世以來守護著這裡，滋養世界並且調和著和平……。」此刻，薩滿長老拿出手機播了耳熟能響的歌曲，這……這不是一九九六年的奧運主題曲？我無法正確地說出是什麼歌曲，只是對這旋律很熟悉。薩滿長老希望大夥跟著這首歌的旋律一起吟唱，當時她並不知道這首歌的歌詞是什麼意思，但自從聽過這首歌後，就覺得特別適合拜訪海底神廟時吟

第一次前往神廟，在水草飄搖間隱約看見有建築物。

再次拜訪神廟時，部分建築體的屋頂露出湖面。

唱。這首是由阿美族馬蘭社郭英男所演唱的《老人飲酒歌》，是原住民歡聚喝酒時會一起唱的歌曲，若不是奧運主題曲的使用引發侵權爭議，外族人沒能一起喝酒根本不會有機會聽到。所以，薩滿長老覺得拜訪海底神廟是值得把手言歡的歡聚時刻？

「浮上來了！快來看！」大夥起身往同一個方向靠過去，這下船身更爲搖晃了，立即有些人回到座位上做勢平衡。眼下看見一大片石板，石板上仍有水草搖曳，我們借用空拍機的視角來看，就是在一片片石板上有一艘小船。也就是說原本船隻靠近時，只看到神廟頂端

❶無論東西方哪個系統，有些儀式會被要求隱密進行，在南美聖地拜訪的行程裡的某些地點與儀式，也被要求禁止對外公開與言說。薩滿長老說明：儀式的進行都與神聖意圖有關，公開的多半是祝福儀式，而有些儀式工作需要祕密進行是擔心被破壞，無論這些破壞是有意還無意。一群人做完儀式，這裡就會有一個共同神聖意圖編織的能量泡泡，外觀看起來像亮晶晶的果凍，如果有人跑去對外描述儀式細節，就像是在泡泡或果凍上插一支吸管，能量就會流走或散去。

少許的水草，而此時此刻船隻正在神廟的上方，湖泊會漲潮退潮嗎？不對啊！我們在湖中央啊，就算會退潮也是岸邊才會發生啊！那……所以，現在是海底神廟浮起來了?!海底神廟只有少數人知道正確位置，是如何在茫茫大湖中找到它的？記得第二次我私下去拜訪它時，神廟不但浮了上來，屋頂的最高處還探出了頭，當時還因爲神廟的高度與水面距離太過接近，爲了避免船隻碰撞而沒有靠近。當天的船夫也是一名艾瑪拉族人，出發時並不知道會來到傳說中的海底神廟，只見他用手舀起湖水灑在自己的身上，接著脫下帽子跪了下來，親吻甲板當作親吻神廟的土地。

其實，這個海底神廟曾經被義大利探險隊發現，而且潛水進入湖底進行攝影，一度要與國家地理頻道、Discovery探索頻道洽談報導事宜，當時族人與薩滿長老出面用半恐嚇半哀求的方式斡旋，苦口婆心地說服了義大利探險隊的隊長。據說，當時是以持續協助探險隊探索其他祕境作爲交換，期間也眞的在聖湖拍攝到艾瑪拉族限定的「阿瑪魯」❷，一隻長相奇特身長達十七公尺的巨蛇。事實上，當時的義大利探險隊長愛上了前來斡旋的艾瑪拉族女子，他們之間有了一段爲期不短的愛情，自然是發自內心認同一起守護族人的祖靈聖地。

---

❷阿瑪魯（Oamaru）據傳是有翅膀以及魚尾巴的巨蛇，是印加神話地下世界（Uku Pacha）的代表神獸，尤其以安地斯山區的艾瑪拉族特別崇敬。而洞穴、湖泊與海洋是人世間與地下世界相連的通道，這次在湖底發現蹤影更符合族人對阿瑪魯的描繪。

只要靜靜坐在湖邊看著眼前的景致，就會明白為什麼祂被稱為聖湖。

許多朋友習慣在臉書上看我的旅遊日記，回台後拼命敲碗希望能舉辦分享會。記得有一次在台北的分享會結束，才發現一起前往南美的朋友也坐在台下，她問我說：「阿光，我們應該是參加同一個團吧？爲什麼聽你分享完，不禁會懷疑我們是去同一個地方嗎？」的確，很多時候並不是對方呈現了什麼，而是我們拿什麼出來對應，就會看到不一樣的故事版本。人生也是如此不是嗎？像是義大利探險隊長如果沒有墜入愛河，怎麼會有機會同理海底神廟對族人的重要，這個愛要多麼刻骨銘心，才能持續守著承諾不曝光海底神廟的位置。

對了，郭英男也是用吟唱的。回來看了相關資訊才知道整首歌沒有歌詞，就只是好友開心相聚喝酒時的歡樂發聲。這樣看來薩滿長老的確有聽懂，也眞的是適合敬完紅酒後吟唱的歌。

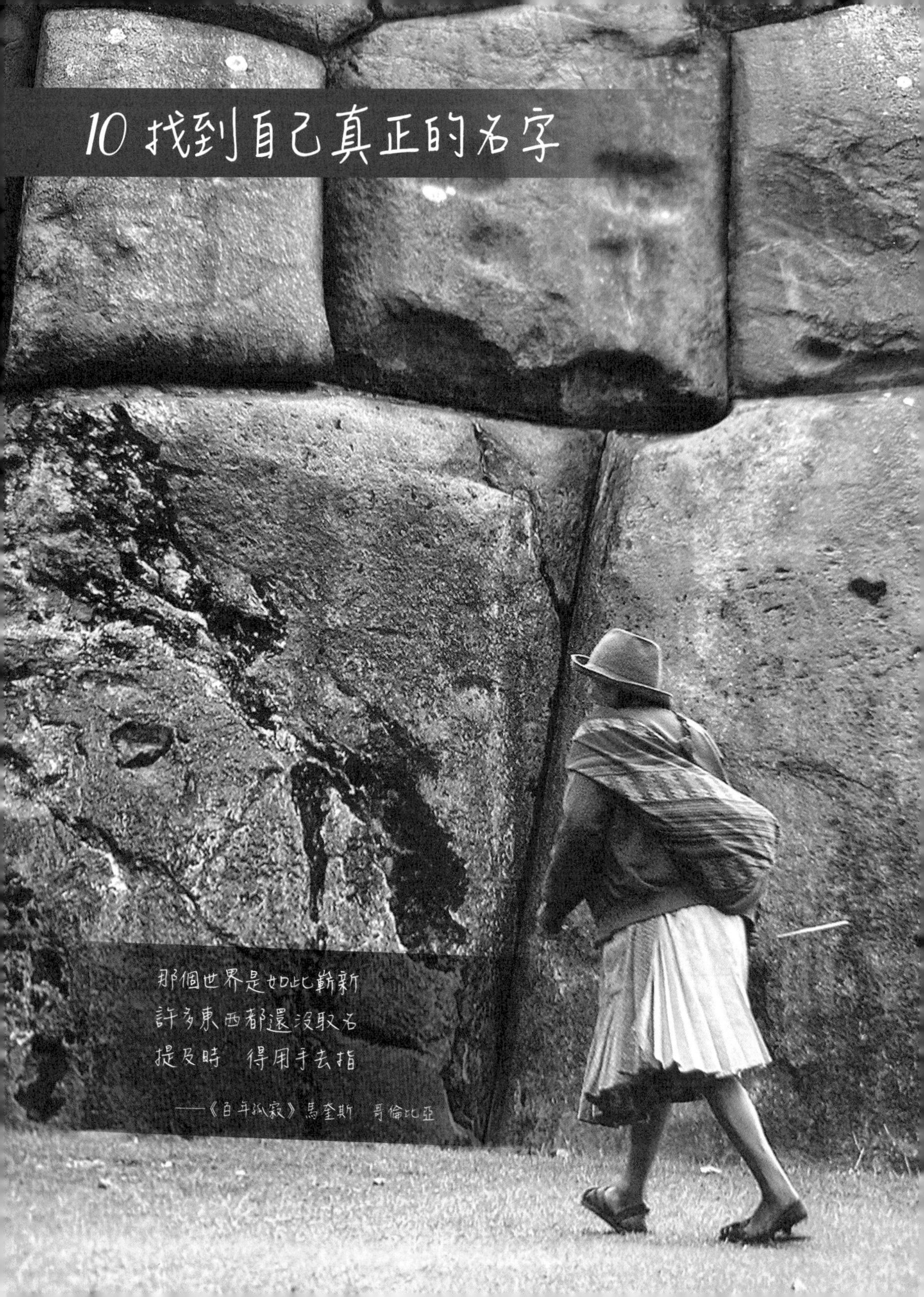

# 10 找到自己真正的名字

那個世界是如此嶄新
許多東西都還沒取名
提及時　得用手去指

——《百年孤寂》馬奎斯　哥倫比亞

住在蒂瓦那科的某個早晨，我們前往參觀一位石雕師傅的工作室，在這個小鎮上有兩位石雕師傅，較爲特別的是今天拜訪的這位師傅，並沒有提供生活相關的石刻服務，鎮上居民都稱他是「神廟工匠」。他一輩子的工作地點就是在神廟，負責神廟裡的相關庶務工作，把他想成在博物館上班可能比較好理解他的工作型態。他在六十歲退休後回來老家蒂瓦那科小鎮，第一天入睡就夢見工作一輩子的神廟裡有一隻未曾看過的神獸，開口請他幫忙爲祂雕刻成石像，因爲一直以來，神獸守護著神廟卻沒有人認識祂。

起初他並沒有理會，單純認爲是胡亂作夢。不料這個神獸接二連三來到他的夢境。退休後的生活也沒有太多事情可做，有一天他取了石塊隨手就開始雕刻，當天晚上神獸再度來到夢中，一方面是來表示感謝，另一方面向他指名用火山岩作爲雕刻的石料。夢境裡有所互動的對話方式使他更加重視，他明白這一切是透過夢境的訊息傳遞，不是入睡後翺翔在潛意識的旅行。隔天他取來了火山岩石料，從此以石雕師傅的身分開啓事業第二春，過著繼續爲神廟服務的退休生活。然而，由於顧客滿意度極高，紛紛「呷厚道咻報」，每晚都有神獸或神祇入夢來，在自我介紹完之後完成訂單程序。

石匠家中的庭院擺滿未完成的石雕，歪斜的石料散落一地。大夥正要依序進入擺放作品的房間，艾瑪拉族人平均身高不高，房子的門也都比較矮，幾次經驗下來我都會特別注意自己的前額。我當時駝著身低著頭踏進門，倏忽間一團黑影飛了過來，我驚呼出聲身子反射性地後退，天算之下這次竟是撞到後腦勺。對於自己顧了前村卻忘了後院不自覺發笑，沒想到竟又一黑影飛過，我連忙逃出房門。一瞬間發生得太快了，所有人回頭都以爲我是跨門檻時沒站穩，只有薩滿長老見狀追了出來詢問狀況。我連忙站起身拍落身上的灰塵，苦笑又帶點不好意思地告訴薩滿長老，有一些話要跟石雕師傅說：「宇宙間山水萬物都有個名字，都要找到自己的名字，即便是一顆石頭也是。若是持續爲神廟工作，要讓作品與神廟的能量連結，若已經不是在爲神廟工作，記得爲創作的作品取一個名字。」那屋子裡的畫面挺有趣，有些作品並非創作過程中的能量殘留，而是眞正的降生，只是能量非常不穩定，飛來飛去橫衝直撞。

這位大叔就是神獸指名的神廟工匠，由於我奪門而出沒能知道他的名字。

放置在庭院內的神獸，這隻很會撒嬌。

在陰陽師《晴雅集》裡有一句非常經典的話：「名字是世上最短的咒語。」是的，咒是一種「束縛」的運用，可框定事物原來的本質，而當名字成為一個咒語，便也是用來定義其可能性。一個圓柱形的器皿可以是繁花盛開的花器，可是當人們開始叫它垃圾桶呢？它便被「束縛」了。一雙半筒靴是個性穿搭的鞋子，可是當我填了土種上觀景植物時卻成為花器。後來石雕師傅的每個創作是否都有了自己的名字？石雕師傅是否繼續為神廟服務？我並不清楚。但是我偶爾會想，是不是許多出土的歷史文物，為何在這個時間點出土？是不是經過選擇後的決定，會不會也是「找尋自己名字」的另一篇章。

有沒有發現祂與帽子上的那一位都在伸舌頭。

不知是不是雕刻時的能量殘留，我總覺得是大叔的自畫像。

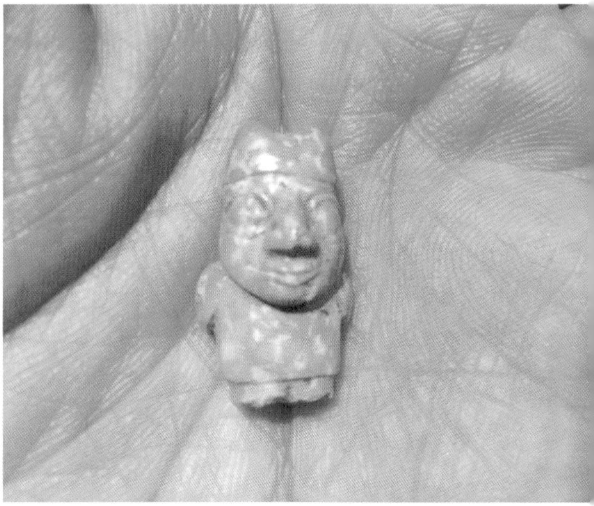

十多年前我曾經做過一個決定，那就是到戶政事務所更名，我愼重地告訴母親，希望四十歲時能有一個新的名字，做爲送給自己的生日禮物。原因也不是從小綽號一直都跟「游泳圈」「游泳褲」……有關，只是想在餘生有個全新的開始。當初，我的母親在外婆的強力推薦下步入婚姻，對於莫名有了婚姻充滿怨懟，於是身爲長子的我在降生地球時有了「湧志」這個名字。母親看著我的來到，期許自己「志氣如湧泉般凝凝不絕」，依稀記得她解釋時的得意表情，用「凝凝」二字是水結冰成爲固態的意思，代表著她把志氣存放在我的固態身體，勉勵她自己遇到困難時就看看我，便可以取出志氣來繼續面對人生。不知道是不是這樣的出廠設定，讓我的硬體出生時是太陽射手卻灌進上升魔羯的應用程式，有好長一段時間的人生都會挑難走的路，因爲吃苦的環境才能把志氣用上。

或許，母親對於作爲一個母親角色的厭棄，是她放在身上祕密的總結。辭去工作、照料家庭、阻斷自我實現，婚姻似乎成了她存放陰影的空間，需要計算丈夫與子女的成就是社會對她不公平的呈現方式。被迫放下的自我與壓抑，同樣用凝凝不絕的方式與志氣存放在一起，在這陰影的空間裡長出藤蔓，緊緊地纏繞著新生的綠芽。綠芽要活下去可以選擇交纏共生，靜靜地以「上進」「會讀書」的方式活著；但綠芽想要有所成長就需要選擇脫離母株，以破壞性離譜的生活姿態對峙。而有趣的是，這兩種綠芽的選擇都是一種對原生家庭的效忠，是爲了讓家庭有平衡的支點。

有看過《神隱少女》這部電影嗎？每一個人要走向自己的內在旅程、踏上自己的英雄旅程前，都須經歷與自己的父母告別，會像千尋對著父母大喊：「不可以吃太飽！不然會被殺掉！」一樣。然後，一路帶著父母的原廠設定，直到被湯婆婆取走了原有的名字，千尋才眞正展開了自我追尋的旅程，也開始認識女侍小玲、湯婆婆與錢婆婆，辨識出母親角色原來有好多面向。在電影中，白龍不斷告訴千尋，千萬不要忘記自己的名字，不然會無法找到回家的路。而白龍也因爲乘載了太多的人性與汙染，早已忘記自己的身分，在千尋的陪伴下憶起自己是一條琥珀河之神，在流下眼淚同時變回原來的樣子。這一切觸發與改變看似因爲一則生命故事，故事裡的白龍救過溺水的千尋，實際上是他們都看見原廠設定裡有愛流動。或許，展開重新定義自己的過程，便是一趟重新取回自己名字的旅程，人生長河底下那些以愛之名的擾動，是不是一定要到擁抱大海的那一刻才能釋放？我的母親這輩子確定沒有機會像千尋一樣走入那個隧道，也許她曾經走進去過，只是沒有機會若無其事地走出來，坐上父母等待她的那輛車子。

在印加薩滿的學習歷程中，有一個剪斷「能量索」的儀式，針對已經看清楚的關係與界線，但仍然會受到其言語、眼神、情緒影響的對象，做出切斷能量連結與告別。在李育青老師的課堂上，我進行了人生中第一個剪斷能量索的儀式，在這裡我不能說那位對象是誰，因爲他會看我寫的書。當時，只記得我剪斷能量索的時候並沒有澎湃的情緒，臉上靜靜的兩行淚是告別時隱隱然的傷感，是與熟悉的能量分離的一種表達。而我也是用剪斷能量索的儀式，進行了人生中第二個對象的練習，跟「湧志」這個名字進行了有意識的告別。原本選擇在四十歲更換名字，眞正的原因是想把原廠設定放下，把會計運算軟體卸下，因爲那是母親功課的標配，我想灌上自己的繪圖軟體。後來的我，並沒有進行更名的動作，因爲餘生的故事版本，我已經不怕「文不對題」。

最後想要跟你說：父母在我們出生時給的封面，裡面或許藏著期待，曾經我們也都想長出名實相符的故事內容。但是時候該跟一直黏著的無臉男❶說再見了！現在，一起剪斷「名字」的能量索，放下不屬於我們，那個令人受苦的視角。

---

❶《神隱少女》中的無臉男，手上經常變出金子，買到了侍者、青蛙以及其他人的服務與尊敬，為了討好女主角千尋甚至說出：「我給你金子。」筆者在這裡是譬喻為了建立關係而討好的受苦視角。

# 11 叢林母親的教導

空鐘　死鳥在沉寂的屋內
九點　大地渾然不動
彷彿有人嘆息　樹木像在微笑
葉端　水滴顫抖
一朵雲穿過黑夜
門前一人高歌　窗打開了無聲無息
——《祕窗》 勒韋迪 法國

在我人生過往的經驗中，有過許多娛樂性用藥或使用知覺轉換植物，但唯獨對於「死藤水」我乖乖地等待召喚，從第一次有機會服用到眞正經歷叢林母親的教導，我整整等待七年。沒別的原因，就只是薩滿長老告訴我的一段話，當時我提出了體驗死藤水的想法，她說：「聽聽你內在的聲音，是不是已經準備好經歷叢林母親的教導。而我要告訴你，這不是一件最重要，也不必然需要去經歷的事。而且，這事需要等待。」好險，我等待了，我並沒有帶回滿嘴的天上飛。

所謂的死藤水是由卡皮木、雙翅藤以及九節屬等植物，複方煎熬成的一種黏稠物，亞馬遜叢林部落的當地人將其使用在宗教與醫療上。死藤水在奇楚瓦語稱「Ayahuasca」，「Aya」是指靈魂或精神，「huasca」則是指藤蔓或繩索的意思。那翻譯成攀爬「靈魂的藤蔓」或是「精神的繩索」不是很好嗎？爲何要翻譯成死藤水？我想只有走過Ayahuasca路徑的人才會明白吧！我想，許多人對於體驗死藤水的想像畫面，可能是綁了線漂浮高漲的紅色氣球，而我的第一次體驗則是腳上繫了繩的金龜子。

印加人說天與地是相連來往的，兩個世界之間只隔著一幢簾子。當我們從高空俯瞰河流的倒影，就如同抬頭仰望銀河一般。

但這一次我是準備好的（握拳），所以請薩滿長老協助聯繫叢林部落的朋友。然而，從台灣出發的前兩個月傳來祕魯政局動盪，社會上衝突抗爭不斷。我本來不以爲意，因爲這個切．格瓦拉騎摩托車經過的左傾土地，血液裡流著反抗的因子，才是符合我頭腦裡的魔幻拉美，更何況我人生第一次去祕魯，就獨自跑去參加當地的示威遊行。不料，出發祕魯前當地局勢聲稱的平和，也只是祕魯官方不再強力動作所致，民間的反對派領袖爲了國際能見度，開始佔領祕魯的知名觀光景點，像是癱瘓前往馬丘比丘的鐵路。由於進到亞馬遜叢林深處沒有網路對外聯繫不易，薩滿長老擔心獨自前往可能會遇到不可掌握之情事，於是暫緩後續的聯繫事宜。

什麼人會說這是社會動盪呢？對於不了解當地政經訊息的我來說，這不就是這塊土地上的生命力嗎？

要了一張宣傳海報加入隊伍，後方的軍警一臉拿我沒轍。（回台後查字典才知道，原來我參與了一場關於失業的罷工行動）

兩個月過去了，也結束在南美的採訪工作，這期間我多次向叢林母親表達想見她一面的念想，再一次請薩滿長老爲我安排行程。但聯繫的過程並不十分順利，畢竟這算是臨時性行程，而且叢林裡收訊不太好。後來決定將班機往後延了十天，最終前往伊基托斯（Iquitos）這個城市，它是最靠近亞馬遜部落又是飛機能夠抵達的地方。這趟旅程之所以變得那麼難預約，主要是我堅持在叢林體驗死藤水儀式，而且希望在儀式前能有足夠的時間，完整進行包括齋戒、飲食限制、與叢林母親連結……等相關預備動作。

死藤水相較於其他致幻植物是知名度最高的一門顯學，已經從部落的薩滿療癒傳統發展成可以獲利的商業行爲。現在的祕魯有一個現象，在一般的傳統市集可以輕而易舉地買到死藤水的原物料、熬煮好的藥水、或者有所謂的僻靜中心提供Ayahuasca tour的一日體驗行程。我曾經在節目中訪問過林麗純，她長期研究也深入祕魯學習死藤水，了解上千年來部落使用Ayahuasca的意義。她對於啓靈藥物的復興不感到意外，但由於死藤水的學習相當困難且耗時，學習的途徑也不容易尋找，一個有能力帶領儀式的薩滿學徒，至少要完成一個一年以上的植物齋戒。許多沒有經過正統部落傳承的植物齋戒訓練的人，只是因爲熬煮藥草或自行拼裝一些身心靈的概念就開始帶領儀式，或者以致幻經驗爲號召的販售行爲，這些都是不尊重部落的傳統文化，也不尊重自己的行爲。

食用死藤水並非沒有危險性，況且這是一個薩滿的途徑，薩滿傳承與知識有如容器乘載死藤

祕魯隨處可見死藤水一日體驗的行程，傳統市場亦可輕易買到相關原物料或熬煮好的死藤水。

水的靈性療癒，要不然就只是致幻而沒有任何學習的發生。叢林母親的教導充滿野性，死藤水帶來的生命教導有時如同字面意思，可是會往死裡打的，關於這一點我以我的傷口見證。

Shippibo 族薩滿吟唱 Icaro 時，往往開口第一句就是「Ayahuasca cano abano……」，意思是「我要打開死藤水的世界」。死藤水世界是由薩滿歌聲裡植物的頻率所打開，就如同一台收音機調頻到「植物的電台」，才開始進到死藤水世界與植物靈一起工作。所以，體驗死藤水若是沒有薩滿主持儀式，就像是自駕一輛車去到一個陌生的國度但沒有導航系統，也就無法抵達旅程的目的地，沒有辦法打開死藤水的世界，我認為林麗純這樣的比喻精準而生動。我也是堅持要進叢林有適合的薩滿帶領才願意進入死藤水的世界，原因其實很簡單，我們在死藤水旅程途中的看見、聽見、以及所有發生的事情，只有在薩滿世界的脈絡下才有意義，否則只是致幻體驗的旅行。

從伊基托斯機場出關直接跳上嘟嘟車，有時會有種自己到了東南亞熱帶島嶼的錯覺，為了顧好未來幾天的腸胃，途中還暫時停車去扛了幾箱礦泉水。亞馬遜河的水面看起來是磚紅色，與印象中國家地理頻道看過的不一樣，不過，偶爾露出水面的海豚倒在電視上介紹過。中間停靠在只有幾戶人家的小聚落，換了一艘體積更小且沒有遮蔽的扁舟轉入更深的雨林。眼

亞馬遜河的綠鬣蜥，近年台灣發生寵物飼養後不當野放，造成外種入侵的生態問題。

前所見開始與印象裡的亞馬遜河相符了，河水變得相對清澈，從兩旁叢林傳來的生物叫聲也變多，蟒蛇、大鬃蜥、老鷹、還有遠遠垂掛的樹懶，我很確定已經來到叢林母親的管轄範圍了。

抵達的當晚，叢林薩滿先是進行了鼻菸儀式（Rapé），就是將植物製成的粉末吹進鼻子，據說能夠清裡阻塞的能量和清潔呼吸系統。他先是塞了一捲衛生紙給我，我本來還一頭霧水摸不著頭緒，直到第一口吹進鼻子時，不！我覺得他吹進的是腦門，就是那種吃到一大口化學哇莎咪，刺激直衝腦門後眼淚鼻涕不斷從眼口鼻流出的感覺，而且流出來的黏液特別濃稠，是那種用衛

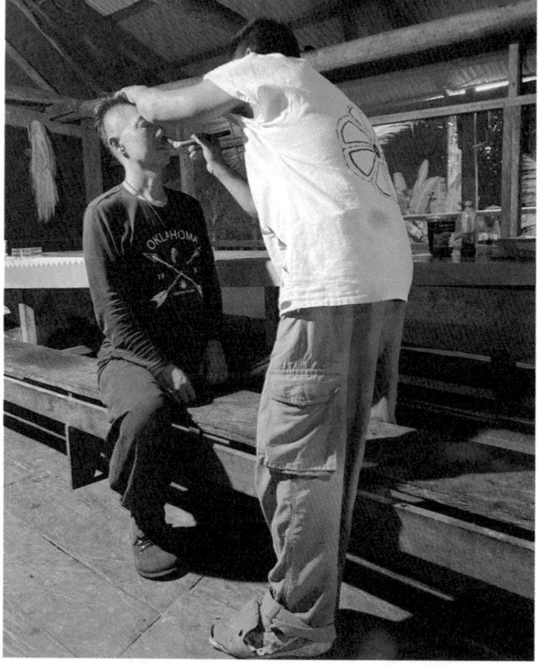

我體驗鼻菸儀式 Rapé 的感受是，排出黏液後的鼻腔與顱腔讓呼吸變得更順暢，進而使雙眼與心靈的視野更為清晰。

生紙擦拭卻無法阻止它牽絲的窘境。我才剛稍稍恢復平靜，叢林薩滿就迫不及待像要餵食第二口哇莎咪。呼！我開始確信死藤水儀式進行的那天，我的視覺一定更爲敏銳，因爲一把鼻涕一把眼淚之後，會爲我迎來一個嶄新明亮的世界。我想，你們應該知道現在所說的是什麼感覺！

叢林薩滿將菸吐入死藤水後才讓我喝下。

爲了一睹死藤水尚未熬煮前的長相，以及加深與叢林氣息更好的連結，我在扁舟上曝曬了一個下午。同時我的飲食也悄悄地變成素食，所謂的素食不是米飯加上蔬菜，而是馬鈴薯、紅蘿蔔、還有少許的四季豆，就是前面章節我說的祕魯味啦！而且比祕魯味更養生的是沒有糖與鹽的調味。進行儀式前一天開始進食水果餐，到了當晚要進行儀式時只能喝水、以及……喝水。不要覺得我這一段的描述特別敷衍，對於越來越乏善可陳的食物，只能蒼白無力地忠實呈現。總之，我被通知飯後前往茅草圓頂的小屋集合，準備進行死藤水儀式。飯後?!這裡指的飯後是等叢林薩滿吃完飯後。

叢林薩滿
能量平衡儀式

進行死藤水儀式的圓頂草屋。

這是進行死藤水儀式的空間，進入旅程前建議穿長袖並且噴上防蟲液。

圓頂小屋裡只有燭光，偶爾會有不知名的蟲子飛進來，座前地上放了一個陶碗，給你嘔吐時使用。屋內分別還有兩個外國人，他們似乎已經在這地方待一段時間了。叢林薩滿口中唱起了所謂的「薩滿頌」，吸了一大口捲菸朝杯子裡吐氣，也朝向我的頭頂還有身體吹菸，我一口飲下遞來的死藤水，屋裡的唯一光源也被熄滅，只剩下叢林薩滿吸菸時發紅的亮點。約莫十分鐘後，我望向的四周開始融化，叢林薩滿向我走來，嘴裡一邊唱誦，手上的扇子一邊在我身上比劃，經過時的風撫摸我的身體，眼前是一顆顆黑色炭粒組成的叢林薩滿，閉上眼我便倒下。

「我爲什麼在這裡?!這裡是……?!」我來到一個沒有前後左右的地方，不！我在一個沒有邊界的布景裡，布景是不斷流動變化的粒子，大概可以想像成電影《駭客任務》中基努李維進入的那個場景。當時心裡第一個聲音就是，我爲什麼在這裡?!然後，我就笑了。就這樣！就只是來這裡?!我似乎明白一些事，想到周遭朋友神奇的死藤水旅程，我笑得更大聲。據說圓頂小屋裡還留在世上的人，都以爲我的笑是因爲去到有趣的地方。然而薩滿頌的聲音、扇子比劃時揚起的風，都會讓我所處的場景起變化，像是進入一個萬花筒的世界。世上一丁點的風吹草動或是我自身的思緒念想，都像是有一個好奇的小孩轉著萬花筒，而我像是在圓圈內的小人努力適應平衡。天旋地轉讓我想吐，每每我想找一個支點撐住身體，便會在支點處融化進去。只有勉強從喉頭吐出聲音才能意識到自己還存在，世界才會稍微穩定下來。所以，每隔一段時間我便會吐出一些聲音，隔天叢林薩滿跑來問我：「昨晚你很舒服嗎？因爲我一直聽到你的呻吟聲。」這……這傳出去能聽嗎?!

耳邊傳來嘔吐聲了！好險，我只要呻吟……不！我只要吐出聲音，便能意識到自己存在的世界穩定下來。我問叢林母親，我知道思緒只要飄散跟著流走，便可以展開奇幻之旅，但那是你要帶領我前去的地方嗎？我在心裡問了三次，又得一邊注意身體不要融入背景。終於，我聽到叢林母親的回覆，祂告訴我：「這一次的藥草旅程要走好長一段路，現在我只要你記住此時此刻的感覺，外在世界都可以改變，只有你察覺到的意識是存在的。你有發現你可以融進背景，也可以馬上意識到自己的獨立存在，帶著這樣的認識，結束後帶回你的世界，對你會有幫助的。」當下，心裡雖然說著謝謝叢林母親的教導，但同時出現的念頭卻是：「啊！就這樣……?!」

她說的不就是意識決定物質的道理嗎？那回到台灣後是不是應該加入淨土宗，老老實實念佛好讓意識能念念分明。此時我笑得更大聲了，叢林薩滿似乎是聽到聲音走過來關心，手上扇子揮舞起來又唱起了薩滿頌，我用盡氣力才舉起手對他揮了揮，心裡想著：「走開啦！你給我走開啦！不要擾動這個世界！」

叢林母親的野性

# 12 未完的死藤水旅程

雖然枝條很多　根卻只有一條
穿過青春的所有說謊與日子
在陽光下抖掉　我的枝葉和花朵
現在我可以枯萎而進入真理。

——《隨時間而來的真理》葉芝　愛爾蘭

回來熟悉又些許陌生的世界時，叢林下起大雨，雨勢讓亞馬遜河流暴漲，一連下了五個多小時未見停歇的跡象。這幾年協同城市治理的工作經驗，我直覺判斷需要立刻離開雨林，即便河水湍急也得冒險一試，否則一定會影響後面一連串的回程班機。船夫安撫表示這種雨勢是叢林的日常，但其實他是抗拒前往伊基托斯港口，後來雙方達成協議，約定只要雨勢變小就出發，同時我也跟叢林母親撒嬌拜託祂務必幫幫忙。終於，抓緊雨停的空檔順利抵達機場，牆上電視播放著新聞畫面，報導叢林裡的村莊陸續傳出淹水及土石流災情。新聞看到一半機場竟也停電，原本嗡嗡作響的世界安靜下來，這時才意識到我其實才回到世上不久，剛用激發的腎上腺素連忙逃離叢林。此刻我有餓的感覺了，然而胃裡的燒灼感依舊清晰，那是喝下死藤水離開人世前的最後感受，難道……難道死藤水的效應還在嗎?!

回台工作後我特別製作了死藤水專題，節目中訪問研究啓靈藥物多年的林麗純，才知道死藤水的旅程並不是儀式結束就終止。死藤水在體內要作用多久，完全得聽從叢林母親的教導與安排，聽到麗純說明後我哭到無法繼續主持節目。叢林母親的教導真的沒在跟我客氣，只要是死藤水決定要掀開的，無論清醒或睡夢中都追得我無處可躲。人生中有些階段的課題已選擇蓋牌，隨著年紀半百早已翻頁，但叢林母親卻為我進行「清創」手術，心輪湧出汁液，臉上無聲的雨沒有間斷。這未完的死藤水旅程，白晝安排故人來訪的橋段要我重新練習，夜晚則是搭好舞台邀請我演出「清明夢」。讓我來說說其中輔導級的清明夢，比較能明白我說的：「祂來真的，沒有在跟你開玩笑！」

亞馬遜流域流傳千年的藥用毒蛙Kambô儀式，
圖為叢林薩滿正在風乾小木棍上的毒蛙黏液。

聖佩德羅仙人掌也是知覺轉換植物，一樣在傳統市場都買得到。

用沉澱方法將盆子裡的水過濾，叢林的生活方式對我們來說還是相對辛苦。

衣服褲子一脫便躍入水中，那種自在樂天倒是我想望的。

jungle boy

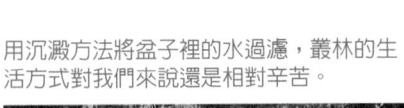

## 如何才能殺死這隻狗?!

在蒂瓦那科小鎮，很意外也很難得能遇到來自台灣的一對伴侶，畢竟這裡距離首都拉巴斯要兩小時以上的車程。由於隔天在太陽門遺址有重要的春分儀式，就力邀他們務必在薩滿長老家借宿一晚。在遙遠的玻利維亞遇到台灣人，興奮之情很快消融了陌生的界限，當晚我們決定一同前往餐廳用餐，而這裡指的餐廳類似台灣的簡餐，店裡提供炸雞腿或炸魚的內用便當，而炸物特色一樣是不留水分，保證柴。

約莫晚上七點的蒂瓦那科小鎮，只有鎮上廣場有幾盞路燈亮著，其他區域皆是黑壓壓一片。走出餐廳馬上有兩隻巨型犬搖著尾巴過來，偶爾站起身用前腳碰碰你，牠們明白從那個門走出來的人，手上多半會拎著食物，只是牠們沒能明白我手上的剩食是要餵養家中的兩隻狗狗。路上沒有街燈，星光因此顯得明亮，牠們像護衛般一左一右搖著尾巴，有時打到腿上令人想起憨直的拉不拉多犬。眼前忽然一隻中型犬迎面而來，同時聽到身旁有指甲摩擦地面的聲音，只見兩隻狗奮力往前衝去，緊接著淒厲的哀嚎聲劃破天際，不是踩到狗尾巴那種聲音，是會出狗命的那種。中型犬的頭部以及大腿分別被牠們緊咬不放，夾雜著撕裂甩頭的動作，在黑夜中仍感覺到應該已經濺血。

一切發生得太快，愣了幾秒我才撿起地上的石塊做勢攻擊，但這兩隻大型犬似乎殺紅眼。我不斷靠近朝著地面丟石頭，伴隨人類因爲不知如何反應所以無法歸類的恫嚇聲，中型犬趁隙掙脫隱沒於黑幕之中。接著發生的同樣是無法歸類的場景，兩隻大型犬竟然裝作無事繼續搖著尾巴跟在左右，直到我關上薩滿長老家的大門才悻悻然離去。當晚，我做夢了，不斷做著相同的夢。重複中型犬被撕咬的情節，第一次我拿著石塊，重來一遍換拿支棍子，我不斷練習不同的方法都不滿意，於是我伸出左手臂讓牠們咬緊不放，右手的石塊狠狠往牠們頭部砸下去。然而，我還是不甘願地不斷倒帶重複嘗試……直到最後一次，被牠們緊咬的左手流出了血，我丟掉手上的石頭，用右手掐住牠們的脖子重壓在地，我要赤手空拳使勁讓牠們死。夢醒時，我的右手還在出力，我處在要置牠們於死地的情緒裡。同時我清楚知道，完全明白發生什麼事，一個被遺落許久的自己需要照顧。

夢中想殺狗的狠勁真的有嚇到我，因為現實生活中我挺喜歡動物的。圖片是薩滿家中的Chloe。

在我的求學階段，除了有能力分班以外，還會從每班挑三名學生湊成一班，雖然規定不能叫放牛班，但就是放牛班。挑出來的大部分是血氣方剛、逞凶鬥狠的學生，少部分是不愛念書功課極爛的學生。對！我就是那個爛的，每天到學校上課就是一場生存遊戲，爲了不要被勒索時身上沒錢，只好早一點爬起床，從母親皮包或父親的西裝褲拿錢；因爲家裡茹素，每日中午父親都會送便當到校門口，拿了便當後我便去福利社排隊幫老大們買肉包和飲料。四十分鐘的午餐時間很短根本無法吃飯，放學我就特別爬山繞路，趁沒人注意時偷偷倒掉飯菜，記下今日便當裡的菜色，回家時話題才能對上。

老師們要搬東西，功課不好的我被叫去幫忙，只因爲叫得動；班導師不想在班際間丟臉，所以教室的環境整潔也是功課不好的我留下來打掃；但是當功課不好的人被欺負或霸凌，即便老師剛好走過來將一切看在眼裡，霸凌者一聲「老師好！」就充耳不聞當作沒發生過。一年過後我不再拉扯，只需要想辦法在「地下秩序」裡活下去，於是我不管被圍毆的同學與我有沒有過節，衝過去先踹兩腳就是了；老師拿起藤條時，以前伸手乖乖受罰的我如今則是伸手抓住，眼睛瞪著、嘴巴吼著：「×××，你敢動我試試看！」剛開始老師們非常不習慣，對其他人的這種行爲已經習慣作罷，卻認爲我在挑戰界限，但第一次眞的不能輸啊！因爲我尋求的是同儕認同，打不贏他們就要加入他們。現在，是不是明白我夢境裡的練習？是否了解爲何我會放下手上的石頭要親手掐死牠們！因爲牠們執行地下秩序後，若無其事地來到身邊搖尾巴，就是在對我們說「老師好！」

## 我要跑回家嗎？

你有沒有重複做的夢？只有眞正過關才不會在睡夢中再次相遇。我就有好幾個一直重複做著的夢境，其中一個我來說給你聽。我小時候很皮又喜歡到鄰居家串門子，基隆的建築物是依山而起，一排排往高處蓋上去，而我說的鄰居不是隔壁而是指一整個區域。雖然不是每一棟都是相同樓層，但因爲建築物相連，我總能爬上爬下，踩過屋頂從另一棟樓走出來。有些人家的頂樓空間是鐵皮屋，但有些人家則是設計成小閣樓，我特別喜歡閣樓的夾層設計，那種對大人來說有壓迫感的空間利用，正是小朋友的神祕天地。我喜歡在閣樓的窗戶探頭往外瞧，看鄰居買菜回家或者有人正要出門補習，我幾乎能細數每一戶人家這個時間應該做些什麼事。

夢裡，我推開鄰居閣樓的窗戶探頭張望，斜坡上走來兩名中年男子，他們抬頭的視角剛好看見我，我反射性將頭縮了回來，過沒多久我沿著窗偷偷摸摸往外瞧，那兩人站在原處與我四眼相對。我下意識拔腿就跑，再次踩過別人家的屋瓦，攀爬上另一棟鐵皮屋頂，而他們追著我大喊有賊。我一連跨過了幾棟樓來到最邊間這一棟，一口氣衝下樓使勁地跑，而他們倆在後方也拼命追。聽到他們大聲喊著「抓賊」，我拼命地使盡力氣，但就是腳軟跑不動。這重複夢的膠捲不知是出了什麼問題，只要播到緊張時刻就嘎然而止，人都醒了演員們就散了吧！然而，這次死藤水旅程帶我繼續上路，要我完成這個未竟之夢。我死命地跑到家門口，天色悄悄暗了，短短的路程我是從白天跑到黑夜嗎？看來是到了店家打烊的時刻，我家店面以及隔壁的雜貨店鐵門都是半掩著，我氣喘吁吁地停在家門前。想著：我該跑回家嗎？還是應該跑到雜貨店姨嬤家比較安全呢？那兩位臨演趕了過來，我必須趕緊做出決定。

這一次，我眞的「醒」了。爲什麼我在門口躊躇著呢？因爲那個家並不會保護我，如果我選擇跑回家，那麼我一定會成爲小偷，因爲只要那兩個臨演指認，家人是會相信的。家人不是不相信我，只是覺得不讀書活該，他們最常反問我一句話：這事爲什麼不會發生在別人身上？有一次鬧事上了警局，帶頭鬧的都有人領回去，只有我沒人認領呆坐在警局。警察打了電話催促著快來把人拎走，回家後只聽到家人說：「自己做的事情自己負責，下次不會有人去警局領你。」聽完這句話後，我知道在他們的心裡，我已經不是不愛讀書的孩子，而是讀放牛班的壞孩子。這一切的際遇，根本談不上有沒有「相信孩子」，而是我活在一個大人們看不到的世界。如同小王子的星球，每日必須拔除猴麵包樹的幼芽，它瘋狂滋長，樹根會穿過世界的深處，也將壓垮庇護他的家園。然而，小王子依舊溫柔地爲玫瑰澆花，勤勉地清理星球上佇立的三座火山，移動四十四次椅子看著日落，讓畫面在星空下看起來心滿意足。我就像小王子般，爲了讓大人生活的畫面看起來心滿意足，用自己的方式在大人看不到的世界迎來一場生存遊戲。

國中畢業典禮當天，訓導主任怕我回家路上被仇家堵路，便騎著紅色的野狼125，手裡拿著藤條，亦步亦趨護送我回家，說穿了只是希望校園生活的最後一刻，畫面不要忽然變了調。然而，這是勳章嗎？或許是的，這是活下來的生命勳章。我知道自己對國中時期的無助有恨，對所處的遭遇有傷，曾經以爲在高中任教可以經由關愛學生同時照顧過往的自己，就可以將自己的過往翻頁。爲什麼我會這樣認爲呢？讓我再來說一個故事吧！

後來我有機會在高中任教，負責法治與輔導的教育工作。就職後學生的第一份退學公文，我遲遲無法蓋下職章，我總是想起我兒少時就讀放牛班的無助情境，擔心眼前的孩子在離校後有誰會接住他？我印象非常深刻，當時督導我業務的副校長張貴傑，一眼便看穿我的爲難源自兒少時自身的無力，他輕聲地告訴我：「家長不該把學校當作安親班，學校是學生在校時暫時的監護人。決定把孩子退學有時候是源自於更深的愛，雖然這份愛跟你理解的樣貌不一樣。甚至，有的孩子一輩子都不會感受到這份愛……」「要記得，當你蓋下職章的時候，孩子生命中的支持系統就會轉變，我們必須眞實地承認學校目前無法支持這個孩子，父母親的角色以及家庭的支持系統也有了機會進到這個孩子的生命；或者，還未支持過他的社會系統也能在此時介入。我們要看懂這個改變環境的作爲，不是爲了放棄而是祝福這生命之流，在找尋出口的同時有愛在流動……。」這是我第一次看到在系統下愛的流動，承認這個階段的自己無法提供適合這個孩子的學習環境。原來，有些愛的模樣並不是用我們認識的方式與我們相遇，但它仍然在。

死藤水儀式本身就是一個體驗不同維度的旅程，讓人深刻明白，線性時間的發明是爲了滿足大腦運作的儲存功能。線性時間讓我們對發生過後的事在特定情境引發情緒，這個運作是線性大腦做出的習性「反應」，讓人信以爲眞掉了進去。當時張貴傑副校長的提醒，讓我有機會用系統的眼睛❶看事情，大腦明白了工作也就不卡關，但卻從來沒有想要去把「當時的我」迎回來照

---

❶系統的眼睛，諮商用語，引導個案能夠不要深陷自己的情境，而是拉高看到整個系統的運作。

迎回當時的自己，我可以照顧好他。

創傷與生命雖然像藤樹般交纏，但別忘了每一刻的我都在形成中（becoming）。

顧。即使已經從李育青老師那裡學到「撿拾與修復靈魂碎片」的療癒方法，我還是選擇逃避，直到這次叢林母親出手，提醒我該面對了。

歌手雷光夏有一首歌叫做《入山》，是一首客家山歌，歌詞只有簡單幾句話「入山看到藤纏樹，出山看到樹纏藤，藤生樹死纏到死，樹生藤死死也纏。」這首歌拿來描述創傷與生命的關係挺貼切的，藤與樹的交纏誰也離不開誰，因為彼此已經是共生一體。在「靈魂復原」的教導裡，世界是一個生命網絡，受傷本質上就是指發生彼此分裂孤立無援的情況。我兒少經歷的總總，無論家人、學校老師或是同儕間是出於什麼原因或理由讓這一切發生，實際上就是線性腦的習性反應，造成關係上「你我分離」的情況。這次死藤水的引路以及叢林母親的提醒，透過夢境進行了一次潛獵，將原本認知的「家庭」「創傷」「親密關係」等不同議題，收攝在「完整自己」的層次，不落入五里霧去辨識藤樹相纏。可以了！可以出發去帶回遺落在特殊境地的自己，因為我已經懂得對生命做出「回應」。

靈魂暗夜裡的創傷是跨時空的，但請記得療癒也是。

人們習慣把「創傷」經歷用「靈魂暗夜」來形容。的確，重大創傷造成靈魂碎片的遺落會凝結在那個時空，靈魂碎片會停止成長不再跟著生命之流向前，這也是為何因創傷而引發的情緒或慾望，當事人往往會感到陌生而拒絕面對。然而，靈魂碎片停滯在那個時空，也正是療癒發生的關鍵條件，陪伴遺落的靈魂碎片，進到我們內在神性的時空脈絡，修補與生命網絡分離的傷，直到內在的神性同意一起走，那個時空裡的情節才能發展成「我的故事」。

作為自己生命的福爾摩斯，撿拾靈魂碎片的情節，或許會讓「我」的故事好看。但讓「我們」的故事繼續發展下去的，是靈魂完整後的品質。

迎回當時的自己，我可以照顧好他。

# 13 當男孩再次遇見男人

說出全部真理　但別太直接
迂迴的路才引向終點
真理的驚喜太明亮　太強烈
我們不敢和它面對面

就像雷聲中惶恐不安的孩子
需要溫和安慰的話
真理的光也只能慢慢地透射
否則人人都會變瞎

——《說出全部真理，但別太直接》狄更生　美國清晨的庭院有蜂鳥汲取著花蜜，身體沒咖啡幫忙暖機，人還沒醒就隨薩滿長老再次造訪五千九百一十六公尺高的Licancabur火山，周邊環繞的是不斷冒煙的岩石孔洞，窗外不時可見野生羊駝，有時牠會像石化般一動也不動靜靜地望著。遠遠的我記起綠色潟湖前的這座火山，尤其位處智利與玻利維亞交界，傳說中有一太陽圓盤也正在此地。循例帶著敬意將神聖意圖吹入手上的古柯葉，獻上紅酒給山的守護者以及大地母親。冷冽的風迎面而來，耳邊傳來：「跟家族裡的沉默男性說謝謝！」

啊！這是什麼意思？我理不出頭緒望向薩滿長老尋求確認。只見她靜靜地聽著風聲，好一會才對我說：「這座Licancabur火山是男性能量屬性，聽從祖靈的聲音去找石頭，一一將他們擺出來，這有助於男人與男孩的關係轉化與能量整合。」我追問她，一般不是都在談整合內在的男性與女性，爲什麼是男人與男孩能量？當時薩滿長老只說了一句：「聽從風的教導以及你祖先的安排。」便示意我去找適合的石頭，要我慢慢感覺每一顆石頭各自代表誰。

蜂鳥在薩滿的學習裡代表北方，引領走入時間的長河與祖先相會。出發時與蜂鳥相遇，預示了靈魂將在神聖的旅程體驗自身。

海拔近五千公尺高的Sol de Mañana地熱區，硫磺噴氣孔使地面毫無植披，猶如來到異世界。

異世界場景

韋爾德湖位處智利邊境，這座潟湖因富含礦物成分而產生綠色的湖水。

山的凹陷是一處巨大的隕石坑。

不要以為這一章主角都是「男性」，你就可以「無聲」地亂來喔！圖為野地裡的羊駝。

輕啜一口並將紅酒獻給大地母親。

前往火山路上經過 Valle De Las Rocas 岩層區，我遇見了小王子

撿拾火山石的時候，我想起父親的確是個沒有聲音的存在。我長年在外地工作，每逢他的生日或者父親節便會以此名義家庭聚餐。母親過世後，餐桌上負責點菜的長輩變成了父親，那一刻在座每個人都感覺到不同，也都有默契地沒說出口。然而，服務生已經來詢問兩次了，父親突然把菜單推給我，用台語說了一句：「我不知道要點什麼？」後來，我漸漸明白父親有選擇障礙的原因，他的年代沒有網路沒有人力銀行，小學畢業在製作魚丸的食品加工廠打工，村裡那些外出打拼的長輩若是發展不錯，需要人力時便回鄉向親族尋覓人才，進而發展出北台灣非常緊密的同鄉會系統。我的父親在這樣的互助脈絡北漂，到叔叔經營的中藥舖做學徒，那個時代所謂的學徒其實就是長工，但嚴格說來十四歲其實是童工，而且要向人學功夫是不支薪的。而所謂提供吃住的眞實境遇就是什麼事情都要做，用現在的求職用語來理解，就是工作項目裡的老闆交辦事項。當時沒有所謂的科學中藥，所有藥材都需要預先炮製，勞動強度相當高，這也造就父親能夠一躺下就秒睡的能力。

父親回憶時提及，那時候一年只有四天假期，準備好老闆一家人的年夜飯，領了壓歲錢就趕搭平快車回故鄉老家，抵達彰化已經是凌晨時分，這是他可以看見母親的時光，就算買站票再累再辛苦也要回去。聽完我才明白，小時候陪父親回去，爲何手上吃的、用的總是多到提不動，或許不是爲了衣錦還鄉，而是爲了不讓奶奶擔心。曾經因爲父親挑選禮盒的時間過久，我在員林火車站要脾氣地質問他：「手上的東西這裡都買得到，我們爲什麼要從北部一路提下來？」現在想起來……當時的我就是白目不懂事，只能現在加碼多愛他補償些。

學功夫哪有不辛苦的，只是學徒的生命歷程跟父親的選擇障礙有什麼關係呢？其實對一個十四歲的孩子來說，提供吃住的眞實情境就是寄人籬下，同一個屋簷下往往也住著年紀相仿的老闆孩子。讀書與勞動同一個空間，一旦發生惡意對待，即使是委屈不公也要學習吞忍，因爲閉嘴是讓事件最快落幕的途徑。正値青少年時期是發展自我以及學習表達情緒的階段，父親當時所處的生活環境沒有選擇權，而且爲了生存倒先學會了噤聲。之後的家庭聚餐我會坐在父親旁邊，介紹菜單上一道道不同料理，詢問父親的好惡後等他做出決定，無論服務生來詢問幾次。

正中央的石頭是我，一顆顆火山岩是記憶起的家族男性，父母雙方的家族系統裡不同世代、不同的生命情境，爲何會有這麼多無語男性呢？回想他們的一生，我意外發現一個共通點，他們的妻子往往是在傳統婚姻中壓抑或放棄了自我實現而成爲母親。儘管這些被婚姻框住生命的妻子，她們對生活不滿有不同的表現形式，但可以確定的是，她們都無法從丈夫的角色獲得安全感與價值感，漸漸互動出一個失去權威的丈夫。雖然男人以工作爲重心，是傳統性別僵化下期待的社會分工，但會選擇躲進工作中，多少也是因爲在靈魂層次意識到妻子在婚姻中的犧牲，而丈夫會爲此感覺到失落。然而眞正的困境是：他無法明白妻子也處於失落，並非表面看到的犧牲語境。

你的家族裡是否也有這樣的男性長輩呢？他們鮮少表達意見、幾乎沒有聲音，但這跟賺錢能力無關，只是經濟支配權在家族女性手上。回顧他們的一生，很難從他們身上理解到生命是有意義的，終其一生似乎就是爲了顧家。你又是如何看待這樣的家族男性呢？是不是因爲經濟支配權在女性手上，我們在成長的過程中，多少不知不覺選邊站了呢？至少我是。身爲長子，在男孩要成爲男人的階段身處放牛班的環境，曾經無助到瞧不起自己的父親，即使客觀上父親並沒有犯錯，甚至在外人眼裡是不可多得的好好先生。但當父親站上無聲男性長輩的位置，男孩注定找不到模仿對象，也錯失學習運用陽性力量的機會。

你的家族裡是否也有無聲的男性長輩呢？

自我揭露不是爲了抱怨、更不是爲了指控，而是爬梳生命脈絡，試著看懂原生家庭對我的影響。只有清楚知道受了什麼影響、背負了什麼期待，誠實地臣服於生命之流，接受現在的自己能在多大程度上承認或拒絕這些影響。我靜靜看著，那個代表我的石頭被諸多火山岩圍繞，更棒的是自己親手一顆顆擺放上去。我說：「謝謝你來到這個家族裡，讓我可以成爲我們，謝謝你一直在我的身後，用你的方式支持我。謝謝你的到來，我看見你了！」

這一天，蜂鳥諭示了生命探源的旅程，風帶來家族的每一個靈魂奔赴，在Licancabur火山前，男孩與男人相遇了，而男人們也認出了那個男孩。只有男孩與男人的能量轉化了，男性面與女性面的整合才能開始。而我知道，我將成爲自己的父親，也將成爲自己的母親，在和諧的社群裡活出自己的故事版本。

# 14 我認出妳了！

任憑你在千種形式裡隱身
可是　最親愛的
我立即認識你
任憑你　蒙上魔術的紗巾
最在眼前的　我立即認識你……

——《蘇萊卡之書》歌德　德國

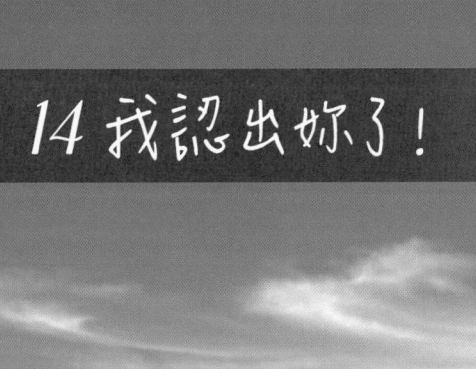

「……對不起，我沒被選上。沒能為台灣爭光，被要求打包離開，明天就要離開蒂瓦那科了。對了，回去幫我準備好料的，中午暫停素食便當，我想念台灣的食物了，這裡不管吃什麼都有祕魯味，還有……可不可以吃甜點。早一點準備的話，可能下次來比較容易被選上……快餵食我……。」我傳了訊息給祕書，準備飛回現實世界了，這裡體驗到的一切都太不真實了。

旅程的後半段的確隱約覺得不太一樣，怎麼不一樣呢？前半段會一直在旅程中說出「哇！真的好神奇！」「好酷！真不可思議。」；但到了旅程的後半段，變成內心會呢喃碎念「怎麼會這樣?!」「阿～那ㄟ安捏！」「不會吧！」。記得有一天，我站在遠處抽菸，一個微胖的中年人騎著腳踏車停在我前面，用族語嘰哩呱啦講了一堆話，我勉強擠出尷尬的微笑，一邊將臉朝向薩滿長老，她知道我在求救，便提高音量用族語交談起來。下午安排製作「祝福包」，是另一個部落的薩滿來帶領，看起來就是眼前這個大叔了。

學習「祝福包」最困難的地方就是語言了，族語翻譯成西班牙語或英語，然後再轉譯成華語。好險，神聖意圖不用靠翻譯，不然很想瞧瞧祝福包燃燒起來的火焰會不會有所不同。等待嘰哩呱啦翻譯成我聽得懂的話，我細數並紀錄眼前琳瑯滿目的材料，心裡想著這些東西準備起來應該會「金厚工」，此時傳來我聽懂的話，說著：「……年輕的長老，終於等到你來一起工作，歡迎你！」我抬起頭看到薩滿長老在微笑，坐一旁的薩滿也朝我看來。祝福包的製作持續以嘰哩呱啦的音頻進行著，但我對剛剛那些話感到在意，心裡滴咕著：「阿～今嘛系蝦咪情形……？」

古柯葉是少數與薩滿一起進行占卜工作的植物靈。

人生第一次「觀賞」祝福包製作。

製作祝福包與吟唱相同，都是一種能量編織，必須明白放入的象徵物代表的意思。

祝福包是獻上物質世界的豐盛，奉獻給聖山、大地媽媽，以及同一空間不同維度的自然神靈。製作祝福包是一次創作，慶祝我們生活中體驗到的各種禮物，選取不同的物質作爲象徵，描繪出活生生的宇宙能量，來呈現和諧社群達到事物合一的狀態。我依序放上各種代表元素，卻也掉入這次旅程的許多片段，不是腦中思考事情的那種方式，是沒有邏輯編排像是拉開簾後的撞見，所以我無法用「回想起」三字來形容。是關於第一次吟唱、找到自己的山洞、浮現的海底神廟、老鷹與祖靈的回應以及協助偷渡客的星際之門體驗。更重要的是對於蒂瓦那科這個小鎮的熟悉，這熟悉的感覺並非對環境的似曾相似，是一種走在小鎮街道上理所當然的「鬆」，這是旅遊世界各地從沒有過的感受。

旅行的出發是召喚，目的地是爲了回家，即使當時的我只感覺到這一場體驗有些不同，仍然完成了一次生命的校準。所以多年後在學習薩滿的課堂上，才明白關於個人意圖與群體意圖的校準，調和出和諧的生命網絡，也定錨我個人生命的位置。我們圍成的一個圓圈是社群，薩滿長老一個一個授與我們安地斯山旗幟，離開蒂瓦那科小鎮前，照例前往帕爾卡卡爾卡山的天然平台，在風起時揚起安地斯山旗，是一種告別也是記下祖靈氣息的環繞。回祕魯利馬機場的路上，沿途陸運與空運交替，薩滿長老 Rosa Maria Vargas 從送行變成一路相隨，我想興許是旅程中的感情堆疊，讓她想要將這一份美好多佔據一些記憶體。

每回離開Tiwanaku會在Huayna Potosí聖山前，
揚起安地斯山旗與祖先告別。

Huayna Potosí聖山，當地舊稱Kaka-Jaque。

領受Wiphala旗幟，成為安地斯山子民。

揚旗向
安地斯山告別

薩滿母親解說
安地斯山旗

每個人的行李都比出發時來的沉重，就算八位來自台灣的乘客已經下車，我的行李仍然超重。讓確認後的行李先走一步，大夥一個一個趨前擁抱Rosa Maria，這種有一點尷尬的告別時刻，從小有練習過應該難不倒我，但萬萬沒想到我們擁抱時，不！是緊緊相擁時我竟脫口說出：「Thank you! Mother!」，當下我著實嚇了一跳。雖然Rosa Maria崇敬太陽神信仰經常在戶外做儀式，沒擦防曬皮膚是黑了些，但年齡也才大我九歲，現在是……是在演哪一齣？瞬間，我鬆開了相擁的身體，有些不知所措望著她。Rosa Maria掉下眼淚對著我說：「我就是在等你的靈魂同意！」「現在我有義務教會你一些事，並且盡我知道的回答你的提問。」

於是「半路認老母」的情節成為故事，我就這樣成為她的門徒，我是她收的第二個徒兒，另一個是當時十七歲的智利男孩。從此，每天起床都會收到玻利維亞特色的長輩「早安圖」，她會在蒂瓦那科的清晨錄下來自安地

雖然沒辦法在這生活，但希望這個藥草園能夠服務這塊土地上的生靈。

斯山的第一道陽光，爲一天的臨在獻上祝福。在安地斯山上與亞馬遜雨林，薩滿長老都會有一座自己的草藥園，方便在工作時直接採集，無論這藥草園是放置於一片山林，還是具體興建的一方天地。某日，她私底下詢問其他人我的名字，在「安地斯山中心」的院子裡，以我的名字啓用了一個「光的藥草園」，並種下我從台灣帶去的種子。往後，安地斯山中心有施工上的新進展，她便會拍下照片分享於我，一點一滴長久互動下來，彷彿我在玻利維亞有了第二個家，還有一位薩滿母親。

薩滿母親的愛，是一種真正活在大家庭社群的生命樣態。

「Pachamama」是個靈性的字彙，意思是地球母親或地球的子宮，「pacha」帶有時空的概念，指出能量上多層次存在的特性。所以在進行薩滿儀式或者只是靜心，都會與Pachamama的能量連結，這是一種毫無懸念的標準配置，而我的薩滿母親Rosa Maria便是我在世上認出的具象化Pachamama。爲了更親近以及了解她是個什麼樣的存在，我開始追隨李育青老師的薩滿教導，填補了早安圖後的空白，開啓了我與薩滿母親的實質交流。

現在，在遙遠的玻利維亞，我眞的有一個家了。每當告訴她：「我想回家！」或是離家時說著：「我將再回來！」她總是會篤定地說：「眞實的生命是跟祖靈在一起的生命，不存在回家的議題！」即使倆人都已經淚流滿面。

# 15 印加文明的濫觴：蒂瓦那科（Tiwanaku）

被九重的神秘所包圍
世界反而看起來更美
雖然困惑的先知　不能傳遞
它運行不息的秘密

但若你的心與自然一起跳動
一切便呈現出來　從西到東
每一種形式裡潛藏的精神
都呼喚著同類精神的回應
每一顆原子都點燃自己
隱約照見它　未來的軌跡

——《自然》愛默生　美國

一九五〇年，有一群安地斯山的「拉依卡」（Laika）❶，前往一座聖山參加正在舉辦的薩滿長老年會。這一個集體行動被辨識出來，是因爲當年爲了對西班牙入侵者隱藏智慧而消失於安地斯山的拉依卡終於在此時現身。他們帶回遠古傳承的智慧與教導，是重新與地球一起工作的重要預備；同一時期，上萬藏民追隨達賴喇嘛，在一九五九年逃離西藏來到印度，藏傳佛教正式對西方國家開啓智慧的新頁。而《生命之花》的作者德隆瓦洛在二〇一一年出版的《地球大拙火》一書提到，這靈蛇從喜馬拉雅山區移動到南美洲的安地斯山區……。

的確，兩地之間發現許多有趣的巧合。印加文明傳說中的太陽圓盤，據聞是由守護者帶到安地斯山區，放置於一座被隱藏起來的城鎮。而西藏傳說裡的「香巴拉」，也就是一般我們熟悉的「香格里拉」，據說也是隱藏在岡底斯山，而這個國度將會戰勝黑暗爲世界帶來黃金年代。無獨有偶，西藏的香巴拉壇城也是以圓形呈現，甚至在表達時間與空間上與印加「查卡納」圖騰驚人的相似。到底是人們對傳說敘述的想像貧乏，或是這些驚人巧合正好證明人類做著相同的大夢。無論事實爲何都爲我們指出一個訊息：那傳承下來的智慧與教導正召喚著世上的守護者，因爲接下來神話傳說的敘事主體，將要從「他者」轉變成「我們」了。

好了，回來我們的故事。

普遍來說，大家對南美洲文明的認識停留在印加文明，主要也是十六世紀歐洲對於黃金帝國的貪婪與好奇，讓沒有文字的印加文化被記錄下來。但有些傳承仍流傳於結繩記事❷，鮮少人知道，在今日的祕魯、玻利維亞及智利地區出現一個「蒂瓦那科」文明，在許多面向影響著後來的印加文化，像是創世神話裡的「康蒂西」（Con Ticci），祂從的的喀喀湖上岸創造了太陽與星辰，用石頭爲巨人族興建居住的地方，後來因爲一些原因，巨人們惹惱了康蒂西，祂摧毀巨人並將其石化，重新捏好的人類分別灑落在山谷、高原、河邊，成爲現今印地安人聚落的祖先。對於這個神話傳說是不是相當熟悉，其實就是印加文化創世之神維拉科查的故事原型。

蒂瓦那科文明的核心遺址位於現今的玻利維亞，約莫三千五百年前，在海拔四千公尺的安地斯山高原上，出現了一批以農業爲主的聚落。遺址中發現的建築體多由幾十噸的巨石砌成，甚至有些重達數百噸，興建出卡拉莎莎雅神廟（Kalasasaya Palace）、阿卡帕那金字塔(Akapana de Pyramid)以及龐塞神像（Monolito）。考古學者驚訝於蒂瓦那科城的切割技術，他們是如何在岩石上鑽出圓形孔洞？如何切出完整的直角？如何將兩種不同石材混合再製？以及固定用的金屬釘如何鑲嵌進石塊當中？然而，你有沒有發現上述的蒂瓦那科文明，其建築群似乎是爲了服務宗教，遺址中找不到任何防禦性武器、軍隊、貴族陵墓、統治王朝或社會階級化的跡象，他們又是

❶安地斯山區稱「地球守護者」為拉依卡，他們與地球母親一起工作，以守護承傳的智慧與教導為職志，不只是為人類社群服務。

❷古代印加人使用結繩記事的方法，用來計數或者記錄歷史。它是由許多顏色的繩結編成的，不同的繩結有不同的含義。

一般建築都是從地表興建，卡拉莎莎雅神廟則是一座往地下挖掘而成的宗教場域。

神廟圍牆上雕刻著完全不一樣人種的立體臉譜，許多臉譜造型對印加人來說甚至是禁忌，這是最為難解的謎團。

如何維持社會秩序的呢？更令人吃驚的是其建築與巨石的方位，後來陸續發現與天文星象有關。

遺址中最爲著名的就屬「太陽門」，整座太陽門高三公尺、寬約六公尺，由上百噸的安山岩雕鐫而成，門楣中央刻有創世神維拉科查，另外還有一萬二千年前滅絕的古生物「居維象亞科」和「劍齒獸」。先不論太陽門上方的雕刻之物呈現出什麼年代，單就安山岩石料如何從十公里外的採石場運送到此地，就是一個難解之謎。而每年春分日出的第一道光線，能精準無誤地射入太陽門上的小孔洞，使得考古學者開始研究太陽門上的曆法知識。然而這些符號所呈現的似乎不是地球的曆法，目前解譯的象形文字指出，一年只有二百九十天，每個月爲二十四天，其中的兩個特別月份則是二十五天。因此，當科學知識無法釋疑便開始朝向外星文明來找線索。

可惜的是，蒂瓦那科文明直到公元二千年才列爲世界重要遺產，長達好幾百

學者解讀太陽門上的曆法與天文資訊，發現都不屬於地球的計算與觀測，加上蒂瓦那科遺址沒有任何人類活動遺跡，便有了地外文明（外星文明）的揣想。

當地薩滿帶領安地斯山的居民進行春分儀式。

蒂瓦那科文明的建築體都經過天體運算，春分這天太陽的第一道光線精準射入太陽門。

太陽門
春分儀式

年的歲月是荒蕪一片，甚至被玻利維亞軍政府切割這裡的石料來發展國家建設，所以現在還能在一些國家建設中赫然發現蒂瓦那科的圖騰標示其中。不過令人感到鼓舞的是，在衛星儀器以及現代技術的偵測下，發現蒂瓦那科的古城遺址可能廣達六百多公頃，並非是現在由鐵皮圍繞的七十一公頃園區，加上玻利維亞軍政府對於文資遺址並沒有足夠的預算與心力去做好保存，所以現行對它最好的措施就是原址保存，我想這也是對於它來說最好的保護。

關於蒂瓦那科遺址，我並不想多介紹有關考古學上的說法，關於這些科普知識在網路上資訊不少。我想從族人的信仰體系，也就是類神話的角度來介紹。就以年代來說，考古學界認為蒂瓦那科城建立於公元五百年，也就是大概距今一千七百多年。只是所謂碳十四的推算認定主要是運用在有機物質，對於以巨石文明為主體的遺址有其困難。再者，考古的年代認定會因為後續出土的文物使得年代一舉往上推升❸。其實艾瑪拉族人認為蒂瓦那科古城至少有一萬二千年，這份相信不是單就遺址這一地點來認定，而是包含了祖先們曾經在的的喀喀湖畔定居、創世神話的信仰以及海底神廟。而近期英國的地質學者也在蒂瓦那科古城挖掘出大量貝類、飛魚等生物化石，也就是說古城當時是興建在湖畔，而的的喀喀湖的水面要從四千公尺高降到現今的三千八百公尺，

❸以台中為例，民間團體耗費十多年抗爭搶救，使得三千七百年的惠來遺址得以保存。而好幾年後發現的安和遺址，出土的母子遺骸經探測為四千八百年，一舉將台中這個城市的歷史上推千年。

經過推算需要距今一萬五千年的時間，這項發現等於間接印證了艾瑪拉族人對於蒂瓦那科文明的整體認識以及時間年代的說法。

當地艾瑪拉族人由於沒有文字，關於知識、神話與信仰的認識都是代代相傳。所以當考古研究驚訝地發現石頭相接中的釘子，族人則為我講解不同礦物混合鑲嵌的石材是為了極性上的平衡；當人們討論神廟的巨大神像是如何站立起來，族人則告訴我關於巨石神像站立的位置是考慮網絡平衡的能量點；當天文學家爬上金字塔想觀測南十字星立體星象，族人則教我用「之」字蛇行的方式走上金字塔，因為同時間可以走入金字塔下方的神殿。很明顯地，兩者採取了完全不一樣的視角，對於蒂瓦那科古城的認識，考古學者重視的研究對象是出土文物與建築體，是從現在往前的推論與考究；而族人們猶如參與了當初的建設介紹著產品的功能，是一種使用說明書。

Monolito又名龐賽石雕，巨石神像多手持容器，普遍認為與當地飲用致幻植物藥水有關。

阿卡帕那是世上最大的梯形金字塔，最上層有一南十字星造型的水池，用來觀測天文運行。

蒂瓦那科遺址的陰曆石碑。

普瑪彭古（Puma-Punku）是在蒂瓦那科旁發現的遺址，大量的H型巨石是如何切割的呢？還是這個文明已經發展出建築用的樂高石材？

關於蒂瓦那科使用說明書的內容，在半路認老母的劇情展開之後，我聽了更多關於祖靈的叮囑、薩滿母親的教導以及興建中的安地斯山中心。如果可以，我想邀請你一起來認識這裡的神話傳說，傳說裡寫著關於「我們」的傳承與智慧。

# 16 關於薩滿母親的故事：Rosa Maria Vargas

安地斯山的薩滿巫士服事於神聖之夢，
引導我們人類在地球上的命運。
神聖之夢是通往未來的地圖，
沒有前路可循，只能自己開拓新的路徑。

——《薩滿之心》阿貝托・維洛多

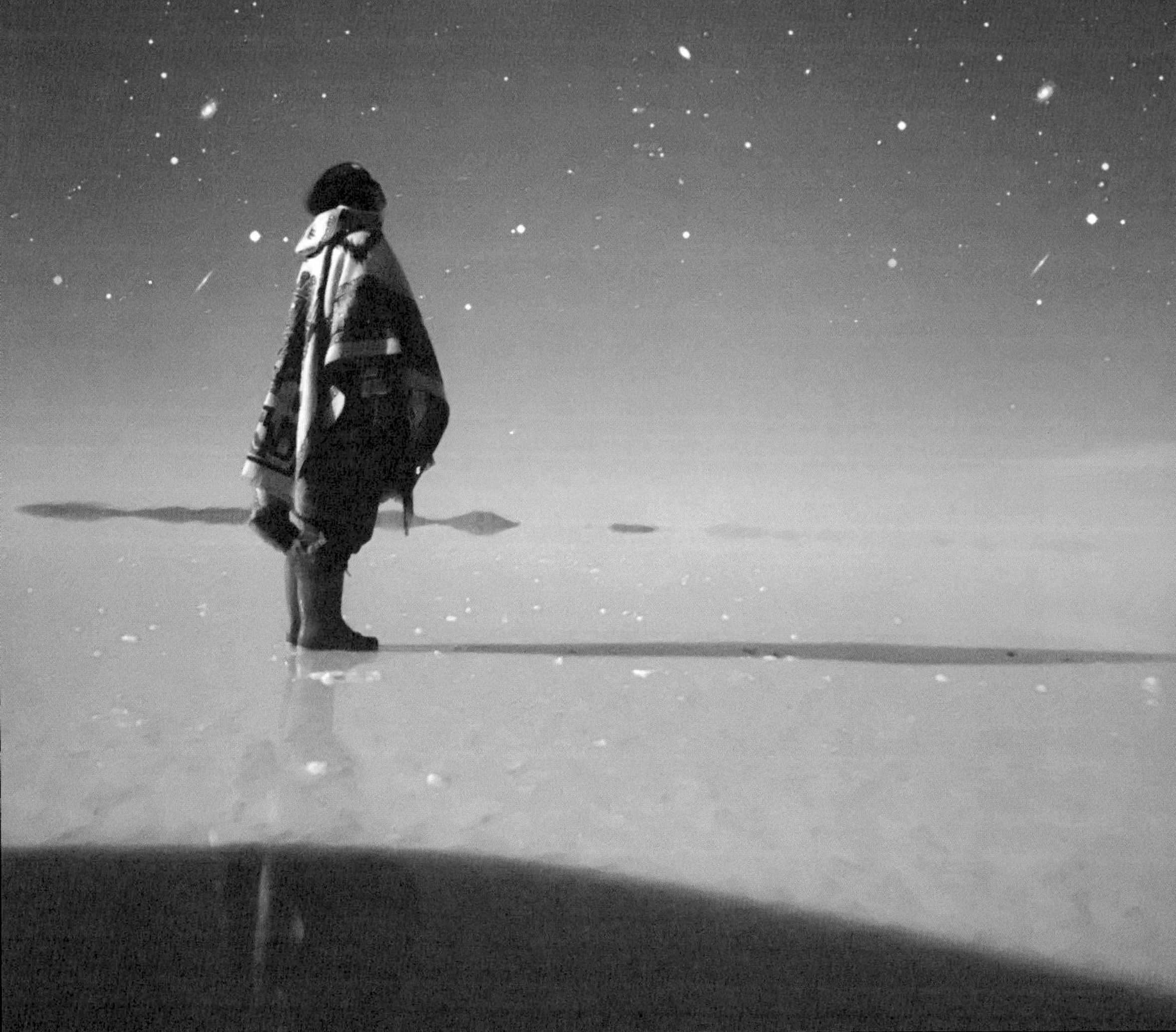

我的薩滿母親是克丘亞族（Quechua）與艾瑪拉族（Aymara）混血，從小是使用克丘亞語。直到聽從內心的召喚來到蒂瓦那科與安地斯山祖靈一起工作，才開始使用艾瑪拉語溝通與禱告。雖然這兩個族群的薩滿系統差別不大，但由於是與土地工作的關係，薩滿母親的身分與社群認同漸漸地以艾瑪拉族為主。

薩滿母親原本的職業是帶團導遊，某一次帶團時，有個來自美國亞利薩納州的薩滿告訴她未來一定會一起工作。當時Rosa Maria認為是因為她同時會克丘亞語、艾瑪拉語、西班牙語以及英語的緣故。直到一九九八年這位亞利桑那州的薩滿聯絡她，表示有個七十三人的旅遊團要來玻利維亞，其中一個景點就是要導覽

艾瑪拉族人會說母語但沒有文字、當地耆老創造書寫方式。

艾瑪拉耆老吹奏樂器

蒂瓦那科古城，當時這地方尚未被聯合國列入世界遺產，根本不會有旅行團會安排到來。Rosa Maria跟對方表示，她只有在與母親或外婆聊天時使用艾瑪拉語，要帶團介紹這個景點擔心無法勝任。她後來才知道這七十三人是靈性聖地的旅遊團，然而亞利薩納州薩滿卻只是不斷重複，他得到的訊息是需要一起工作。

當時的Rosa Maria對於蒂瓦那科古城的知識，僅僅只有在大學修習考古與歷史的課堂上過課，以及與自己的母親聊天時談論過，即便後來有閱讀一些相關書籍，但要向這群身心靈追尋者介紹仍然感到非常誠惶誠恐。Rosa Maria回想帶團當天都還歷歷在目，並指出當時遺址的入口與現今園區不同。當旅遊團的車子陸續抵達時，她望向眼前的安地斯山，心裡禱告：「請祢幫忙我，帶領我的心讓我知道如何適當地介紹祢，請讓我正確無誤地說出祢的故事……。」正當她帶領著一行人走近阿卡帕那金字塔時，人生第一次經驗到什麼是眞正的「連結」，她與安地斯山的祖靈碰面了，她聽見：「這是你的家啊！跟隨你的心說出這個地方的眞正意義。」那一刻，她明白安地斯山的祖靈正帶領著她的心，這裡有她的老師。

離開蒂瓦那科遺址前往的的喀喀湖的路上，亞利薩納州薩滿對她說：「你回到家了！我說過我們會一起工作，而且會持續一陣子，最重要的是你將成爲一名薩滿，我來教你一些在聖地進行的儀式……。」當時Rosa Maria心裡非常抗拒，認爲眼前這個人故意編故事就只是爲了生意上的合作。尤其聽到自己會成爲薩滿，更是帶著厭惡的心情，因爲現在的薩滿已經成爲一種職業，提供的服務都沒有跟自己的心連結。她回想小時候的生活，只有在部落裡遇到攸關生命、生存一些非常重要的事才必須眞的去「找薩滿」，而不是像現在生活上的許多事都要依賴薩滿。

Rosa Maria會加重語氣說「找薩滿」，是因爲她在部落的生活經驗。薩滿是個大家庭，有著不同層次的分別，有跟宇宙星辰連結的，有跟大地母親工作的，也有跟黑暗力量工作的……。薩滿會因爲部落所處的地理環境有不同的服務型態，可能是草藥巫師、可能是爲了農作豐收、可能是保護家禽、可能是守護狩獵安全，但嚴格來說他們不是薩滿，而是進行儀式的守護者。你知道嗎？光是安地斯山地區源自對太陽信仰的儀式，就超過一百多種需要學習，原本還有更多的儀式與方式，但後來都漸漸失傳了。但這些並不會影響眞正薩滿的存在，因爲薩滿知曉宇宙智慧，會掀開簾子找出薩滿路徑。

鎮上居民生病，薩滿母親外出採藥回來，會放一點在草藥婆婆的小籃子裡。

她對「會成爲薩滿」這句話是抗拒的，她在心裡不停喊：「不要！」因爲理性上她知道，自己表現出對現今薩滿只是一種職業的厭棄，是爲了得出自己並不需要換工作的結論。Rosa Maria說，在傳統部落裡保護社群的工作需要三種人，分別是薩滿、領導者與保護者。這三種人是分工的權力結構，當然會有少數薩滿同時也是領導者，但大部分情況下這兩個角色是分開的。另外一種就是保護者，人數二至三名，要視社群的需要而定，他們會跟著薩滿一起工作。對社群安全來說最重要的是保護者，因爲他們懂得觀測預防、使用自然元素、施行儀式甚至戰鬥。現在很多人認爲的薩滿其實就是守護者，而現在很多保護者們也認爲自己是薩滿了。

之後Rosa Maria經常重複做一個夢，夢裡的場景在蒂瓦那科，如同那一次帶團時眼前望去的是安地斯山群峰，耳邊一直聽見聲音，呼喚著要她去找一塊土地。她當然知道這是個「Sign」，但仍然選擇忽略這樣的召喚，她明白薩滿的生活處境，因爲她看過薩滿孤獨的樣子。傳統部落的薩滿會提供領導者以及保護者們意見，除非遇到重大危機或是重要慶典才會出面，大部分的時間是跟自己工作，尤其要經常排除不屬於自己的能量才能回歸能量中心。走入薩滿途徑的第一步，是需要打開心輪直視自己的光明與陰影，只有不斷清理自身才有能力去分辨不同的能量品質。薩滿不是使用特定的能量流在進行療癒，工作核心是與自然的生命能量連結，創造出合宜的能量環境，爲需要治療的靈魂排除不屬於自身的能量，這正是薩滿與守護者不同之處。然而，薩滿與自己工作的生活形態，對青春正盛的Rosa Maria來說並不是她想追求的生活。

蒂瓦那科遺址被聯合國列入世界遺產後開始有少數觀光客到訪，玻利維亞政府也在當地成立「蒂瓦那科遺址營運與研究辦公室」。而事實上，在帶領完那七十三人的旅遊團後，陸續有以聖地旅遊為號召的團體找上Rosa Maria，指名要她帶團。她開始認識越來越多靈性圈的人，期間也有來自瓜地馬拉、墨西哥等地的薩滿來到玻利維亞找她，希望能在蒂瓦那科進行儀式。為了滿足各種需求與服務，她向蒂瓦那科辦公室尋求協助，以便獲取更多遺址周邊地區，像是「科帕卡巴納」（Copacabana）等地的考古資訊。同時她也參加蒂瓦那科辦公室的訓練，在沒有帶團的閒暇時間協助考古調查工作，而就在這一刻Rosa Maria與他相遇了，她的導師Edward。

導遊工作的人格特質一定要樂觀有趣，才能使旅遊過程處在和諧愉快的氛圍，而研究考古工作的人則必須要能忍受孤獨，至少要像個上升摩羯一樣具備耐心與責任感。總之蒂瓦那科辦公室很歡迎Rosa Maria一起工作。某天她與考古團隊一起去探勘調查卻在爬坡路上不慎踩空，身體後仰傾倒的瞬間Edward接住了她。機會總是在命運故事還未展開時搶先安排情節，在這剎那有事發生了。她是這樣描述的：「愛上他是之後的事，當時只有一種奇妙的感覺，我們看見彼此也看見彼此的那一份熟悉。」在那之後她經常跟著導師在園區進行考古工作，也因此學習到更多關於蒂瓦那科遺址的知識，只是她的導師有時會在一些遺址的建築前指著管子的洞口，說這裡有個地下神廟的入口。事實上，她的導師有時會在園區進行儀式，尤其一些特別的日子會留下來值班，偷偷邀請幾位薩滿在漆黑的園區施行儀式。也因為參與了這些事情，讓她對遺址的認識拼出另一個版本的古城地圖。同時她也會經常感到困惑，因爲導師不經意說出口的訊息似乎比考古知識更爲眞實，是一個對整體文明的描繪。於是，她忽然開口問說：「你是薩滿嗎？」

Edward是一位考古學家，也是個隱身在蒂瓦那科古城工作的薩滿。面對忽然的提問先是愣了一下，但他並沒有打算正面回答問題，而是對Rosa Maria說：「你知道你的喉嚨部位有個印記嗎？有認出它來嗎？」很顯然，這樣的回應是要她去面對成爲薩滿的生命課題，她的導師從此之後沒有避諱在工作中帶入薩滿視角。傳統上，在安地斯山區要成爲薩滿，閃電❶或地球母親會告訴你該選擇哪一條路，宇宙會爲你安排學習進程，安地斯山的祖先們也會來支持你做哪些服務，使命會越來越清楚。雖然大家經常聽到，不！應該說是大家喜歡流傳的故事版本，是被閃電擊中的人將會被揀選成爲薩滿。當有人在曠野中被閃電擊中，老一輩人會說：如果你看到了，那個人會過世，如果沒有人看到，那個人則有可能活過來，這是沒有看見的一種「閃電法則」。❷因爲其經歷了自然的揀選或瀕死經驗，而開始聽見風的訊息或動物語言，進而走向服務之路，不過這

❶閃電形成的原因是正負離子的相交會，表現形式是由天上經過人間之後竄進地底，像是薩滿的工作型態穿越不同世界，也符合印加民族的宇宙觀。

❷當地被揀選之人，會在雷擊後復活並且成為一名薩滿。所以安地斯山區流傳「閃電法則」的有趣說法：「如果有人被閃電擊中，旁邊若有其他人，那麼那個人必須死去。如果旁邊沒有人在，那麼這個人就會活過來。」因為老天在找適合的薩滿人選時，需要顧及自然法則才不會亂了套。

只是薩滿之路鍛鍊的開始。面對社群聚落形態的改變，現在的安地斯山區開始有一種說法：太陽已經進入下一個新的循環，與地球母親工作的方式也隨之改變，成爲薩滿不再是以薩滿的樣貌爲人服務，會有越來越多人渴望並懂得與地球母親連結。

Rosa Maria向母親確認喉嚨部位有印記這件事，的確，在她出生時頸部有一大塊紅色胎記，但在長大後漸漸消失。雖然在醫學上這被稱爲新生兒斑痣，但Edward爲何看得見？在她心裡更加篤定眼前的導師是一位薩滿。她非常享受與他一起工作的時光，因爲在考古實務的現場總是貫穿著「相信你自己」的教導，對她來說是從未有過的感受，是無比的信任與包容。於是她將夜裡不斷重複的夢境告訴導師，Edward在詢問完一些關於夢境的細節後對她說：「妳一定知道這重複的夢境是安地斯山祖先的訊息，妳如何可以當作沒聽見？這是不對的！妳準備如何回應夢境呢？當時安地斯山的祖先回應妳的邀請，是妳呼求來帶領妳的心。妳有去尋覓適合的土地嗎？妳準備回家了嗎？」Rosa Maria當然有想過夢境裡的訊息是要她尋覓土地，但買土地要作什麼呢？搬來蒂瓦那科居住嗎？她是很樂意搬過來這裡，畢竟從拉巴斯到蒂瓦那科距離七十多公里，每次都要搭兩個多小時的車子才能與導師見上一面。只是大學畢業剛出社會的她，哪裡來的錢?!

她對於沒能回應安地斯山祖先們感到很抱歉，但她從來沒有察覺到事情是始於她的呼求，習性反應讓她在緊急時把小時候在天主堂禱告的經驗用上了。只是，當天的回應又是如此清晰，是她從來沒有過的經驗。Rosa Maria漸漸理出頭緒，心裡想著，在導師身上感覺到的信任與包容不就是祖先爲我作的事！如果不是相信自己，我如何辦到開口呼求這件事！如果不是相信自己如何能聽見回應！於是，她將反思與察覺到的部分一五一十向Edward訴說，當然也包括她根本沒有足夠的經濟能力購買土地一事。Edward放下手上的文物，拍了拍手上的沙土抬起頭說：「所有的戰士一定都是相信自己的，唯有如此才能使用自己的力量。如果擔心會削弱力量，就記住妳呼求時的一心一意，正確使用自己的力量。我們來去找出夢境中呼求的土地吧！」

對Rosa Maria來說，她仍然不清楚那塊土地眞正的用途，但導師的教導讓她對於生命某種更貼近本質的樣態有更爲清晰的感覺，跟銀行借一大筆錢購買土地是她從未想過的事，感覺好像自己已經長大了。購入的土地正好位於當時蒂瓦那科遺址園區的入口，一眼望去就是安地斯山，Edward變得更積極教導她更多儀式，而爲了肩上背負的貸款，Rosa Maria更積極地工作，也找機會向旅行社提出將現有的行程加入蒂瓦那科、月亮島……等聖地景點，Edward也在這些聖地的資訊上給予協助。說來神奇，安地斯山祖先們似乎也在一同工作，這段時間包括瓜地馬拉、墨西哥、智利、厄瓜多等國家的薩滿紛紛率團到來。但是隨著蒂瓦那科遺址被聯合國列入世界遺產，園區內的相關規定變得更爲嚴苛，尤其是針對靈性圈的旅客，玻利維亞軍政府架起了鐵網圍籬，嚴格要求園區內不能進行儀式，限制使用明火。然而各國薩滿帶來的旅客到每一個聖地都想要作儀式啊，就像我當初第一次來南美時也是每到一處都要下車作儀式，彷彿是參加了南美特色的進香團。在這樣的限制脈絡下，又要滿足來自各地的靈性圈旅客，加上許多薩滿踏上這塊土地

當時的薩滿母親跟隨她的老師前往各地進行儀式。

後都紛紛聽見安地斯山祖先們的話語，就跟當初對Rosa Maria說的話一樣，祖先們向來到這塊土地上的每個人說：「跟隨你的心，說出這個地方的眞正意義。」（這個發展預告了安地斯中心的興起）

一切發展得順風順水，在導師身旁的日子是Rosa Maria前所未有的學習體驗。一開始是在園區協助工作，現在則是在自己的土地上跟導師一起合作，這些已經不是「相信」自己擁有力量就能發生的層次了。有些薩滿開始邀約她前往自己的部落或國家進行儀式，也受邀參加一年一度的國際薩滿年會，甚至出席文化人類學相關主題的學術研討會並且進行演講，這一切的開展讓她覺得生活很不一樣。當時Rosa Maria的母親也察覺女兒的變化，也想跟這個女兒口中的完美男人見上一面。這天她決定確認關係向導師表達自己的心意，她說：「我喜歡你。我們是一對戀人了，對吧?!」當時Edward安靜了許久說：「妳戰士訓練還沒走完談這個？這些事情都會削弱妳的專注……。」年輕的她將這樣的回答解讀成沒有被拒絕，但很顯然Rosa Maria掉入網子了，她仍然積極努力地帶團，獨自揹起銀行貸款與債務，另一方面如常地繼續與導師合作，在許多方面互相效力。

然而她開始察覺到導師態度上的改變，Edward對其他人一如往昔的友善，但對她顯得特別嚴厲，會在眾人面前糾正她故意使她難堪。而讓Rosa Maria最無法適應的是蒂瓦那科辦公室的氣氛變得很糟，之前在辦公室他們愉快聊天，甚至人們會起鬨他們快點結婚，當時包括同事、同業導遊、靈性團體朋友、以及家人都相信他們是情侶。只是一次關係上的認定，卻發展成現在相處情境的不愉快是她始料未及的，急轉直下的關係讓她終日以淚洗面，Rosa Maria不斷在心裡問自己：「我做錯了什麼，為何要接受這樣的對待？」她待了好多年這樣

薩滿母親受邀前往冰島，與世界各地的薩滿為冰河溶解狀況進行儀式。

的牢籠。然而還不只如此，安地斯山的祖先們遺忘了她的呼求，二〇一二的末日預言讓一般旅遊團都往中美洲移動，隨之興起的馬雅曆法也囊括了本來就小眾的靈性團體。獨自面對債務的她大夢初醒，下了決心進行一個儀式，獨自走上戰士之路。

對於薩滿的學習Edward倒是沒有變，一向在教導上都是如此嚴肅。如今Rosa Maria生活裡只剩下這個時刻可以跟Edward相處，她看著眼前這個男人爲何會這麼陌生，這一切是如何發生的？眼前這個人教導她要相信自己、相信自己力量，當時是多麼美好的時光，每天都會期待見到這個人。她問自己：所以我現在會不快樂，是不相信自己了嗎？我當時的活力跑去哪裡了？這一切都是來自於他，那我相信的力量是……？當晚她直面關係帶來的挑戰，在房間爲自己點了蠟燭，決定告別過去負面能量及受苦的關係，今晚要取回被奪走的力量。她進行了「切斷能量索」的儀式，剪下的那一霎那，她的心沒有任何情緒波動，臉上的淚只是熟悉能量離去的反應。

行程中遇到落石，薩滿母親便會停下腳步聆聽風的訊息。

她完成了戰士的最後訓練，她知道跌倒的那一刻被接住了，而那一刻也是她失去力量的時候。當Edward選擇不進到愛的關係內，腦海中一起工作的種種回憶，成爲人生片段裡悲傷的情節，但也只有經歷這個悲傷的故事版本才有機會長出自我。她知道剪斷能量索之後，不用再爲一個人服務了。走進大地母親的實相裡，愛雖然用了不熟悉的樣子表現，仍然帶領著她穿越心裡的每一個聖殿。

隔天，Rosa Maria跟她的導師說：「謝謝你沒有選擇往下跳。」便獨自走進太陽新的循環裡。

薩滿母親每天都早起聆聽太陽的教導。

在天空之境我國旗幟破損嚴重，薩滿母親收到我寄去的旗幟後進行風的儀式。

薩滿母親是個平凡但堅毅的女子。

薩滿母親的Mesa包裡療癒石不多，與祕魯的安地斯山薩滿不同，在她的學習裡是與古柯葉媽媽一起工作。

# 17 回家：安地斯山中心
## (Temple Spiritual Retreat Cruz Andina)

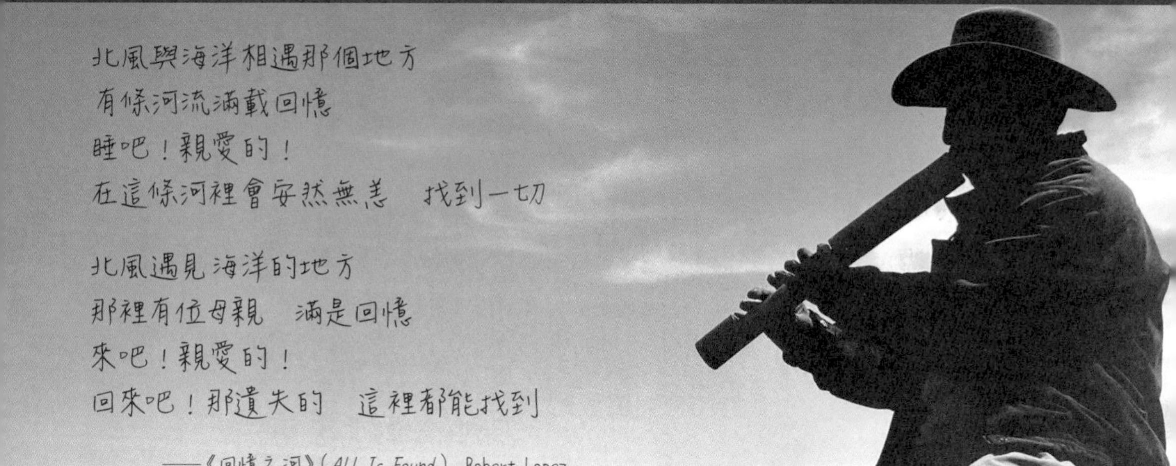

北風與海洋相遇那個地方
有條河流滿載回憶
睡吧！親愛的！
在這條河裡會安然無恙　找到一切

北風遇見海洋的地方
那裡有位母親　滿是回憶
來吧！親愛的！
回來吧！那遺失的　這裡都能找到

——《回憶之河》(*All Is Found*) Robert Lopez

那天，Rosa Maria結束工作準備回拉巴斯，走出蒂瓦那科辦公室時，看見夕陽照映在對面的安地斯山。雖然她的肩上扛著沉甸甸的貸款卻感覺不到壓力，因爲現在的生活是她人生中從來沒有過的踏實，一種眞正是大人的感覺。望著山向祖先們道晚安後便快步走去搭車的地方，那地方不是什麼公車站，就只是小鎭外圍一個約定成俗的集合空地，興許是今日工作時與導師有了愉快的交談，Rosa Maria在等車時臉上掛著滿足。入秋後的蒂瓦那科天黑得特別快，冷冽的空氣使得夜幕更爲清晰，有如常高掛天際的南十字星（Southern Cross Constellation），今晚連一旁的珠寶盒星團也熠熠閃耀。雖說秋季的南十字星最爲明顯，但對居住在南半球的人卻是夜空基本的標配，然而今晚抬頭看到的南十字星卻引發她無比的悸動，思緒與視線都被吸入星際漩渦當中。她聽見心底傳來了聲音：「這是你的家啊！跟隨你的心說出這個地方的眞正意義。」是啊！回想起第一次與蒂瓦那科的連結，她如此迫切的呼求，安地斯山的祖先們即是如此的回應，這一切生活的美好，就是從認出「家」的所在開始。

安地斯山祖先們當初提醒：「跟隨你的心，說出這個地方的眞正意義。」所以她決定用行動回應，Rosa Maria強烈感受到要爲這塊土地做些事，她聽從內在的聲音要興建一個家，一個能與祖先相聚的地方。這一次她不是詢問導師而是告訴他。傳統上，玻利維亞要興建動土之前都必須詢問大地母親是否允許，於是在二〇〇六年九月二十二日春分這天，她與導師爲此進行了儀式，忽然間轟的一聲巨響，一道閃電打在這塊土地上，現場的人毛髮都豎了起來。❶對當地人所信仰的印加神祇來說，閃電之神阿波卡特奎爾（Apocatequil）或稱爲尤拉帕（Illapa）與薩滿是做一樣的事，也就是能夠穿越、連結天界、人間以及地下世界。這道閃電對這塊土地進行能量上的定錨，更是允許與回應，這消息很快就在蒂瓦那科小鎮傳了開來。

興建之初，工人們開始整地時，這塊土地上出現了許多青蛙，由於蛇與青蛙是的的喀喀湖與安地斯山重要的神聖動物，工人們花了很多時間將牠們移到附近的潟湖，但開始興建時青蛙又紛紛出現了。青蛙在世界上許多國家都代表著金錢、富足與豐盛，但對安地斯山區則是代表大地母親，因爲一般社會使用所謂

青蛙象徵著生育、富足、豐盛、在蒂瓦那科鎮上的廣場有一青蛙雕像。設計對白彷彿說著：你給我下去！

❶我與工作團隊在採訪時，當Rosa Maria講述到這個故事，窗外竟然轟隆巨響打起雷來。而此時此刻，我人已經回到台灣，正在書房裡奮筆疾書，烈日當頭的天氣竟然也響起一聲悶雷。

的錢作爲豐盛富足的象徵，但對生活在安地斯山的族人來說，最豐盛的生命就是大地母親無條件給予。而對居住在蒂瓦那科的艾瑪拉族人來說，他們認爲青蛙的DNA有著生命原初的祕密❷，這樣的說法不禁令人想起電影《侏儸紀公園》，從琥珀裡取出蚊子的DNA與青蛙混和後有了第一隻複製恐龍。而當時Edward看到土地上來了那麼多青蛙，告訴Rosa Maria一個故事，是關於在的的喀喀湖出土的石碗（Fuente Magna）❸，其中發現許多有趣的關聯，包含了青蛙、蛇、蘇美文明、楔形文字以及南十字星的祕密。這次關於蒂瓦那科的資訊，讓Rosa Maria想起那晚經歷的事，她知道那是一次密契經驗，因爲對她來說，夜空中的南十字星再熟悉不過了，但那一晚的南十字星是爲想回家的人引路。

雖然決定建築體將以查卡納造型來興建，但對於房子座落的方位以及如何能夠與遺址的神廟相連結，Rosa Maria和Edward都還沒有方案與方向，於是兩人相約晚上在遺址見面，準備帶著問題一起下去神廟，聽聽祖先們的意見與教導。當時Edward已經工作二十七年，考古學界都笑稱他是「瘋狂者」，因爲大部分的人並不知道他的怪異其實是與靈性存有工作有關，換句話說，這位薩滿隱身在遺址工作二十七年了。有時候他需要前往金字塔下方的神廟就會特別安排晚上值班，而這是他們師徒間的祕密。事實上，聯合國教科文組織的研究團隊幾年後透過無人機以及最新的衛星探測技術，花了兩年半的時間於二〇一七年完成地底影像收集，確實發現有一處石造的神廟在地底下，有方形與圓形上百個柱狀結構，而神廟外圍有運河以及道路通往其他地下建築體。這份研究報告在二〇一八年於巴林首都麥納麥舉行的第四十二屆世界遺產會議首次對外發表。

從地下神廟返回的Edward非常肯定地跟她說，現在興建的蒂瓦那科新神廟，其連結遺址的神廟能量與安地斯山、大地母親形成一組量子糾纏模式。這種量子力學上的糾纏不單是物理學所量測的性質，而是一種意識語言。其實，他的這番言論也在暗示她，喉輪上的印記是注定要與新神廟，也就是南十字中心一起工作。然而Rosa Maria不全然相信這種說法，並不只是因爲對量子糾纏的不理解，而是當時她一個人帶著三個小孩，要興建南十字星中心是非常辛苦的，而鎮上的居民也都議論紛紛，到底什麼時候才會蓋好？但這一次Rosa Maria不再跟銀行借款，她認爲如果眞的要與南十字星中心一起工作，那麼她要像照顧嬰兒一樣親力親爲，也要先把自己照顧好才能給予最好的能量，而最好的守護就是與祂一起成長。

雖然她陸續夢到一位穿著金黃色衣服的老者、美洲豹以及安地斯山的祖先，提醒她遺址神廟與南十字星中心連結的重要性，但她仍然不爲所動，堅持有多少錢做多少事，鐵了心讓工程分段

❷ DNA一般來說是垂直傳遞，但最近科學界發現青蛙身上有蛇的DNA，這不同物種之間的平行轉移是怎麼辦到的？

❸ 的的喀喀湖的島上出土了一個石碗，刻著一隻青蛙以及蘇美人使用的楔形文字。安地斯山區蒂瓦那科這一帶特別崇拜蛇與青蛙，而剛好蘇美人信仰裡這兩種動物也是神。後來語言學家埃米維嘉（Emeterio Villamil de Rada）發現，蒂瓦那科使用的艾瑪拉族語與蘇美語有驚人的相似，甚至有許多單字完全相同。那麼蘇美神話裡的尼比魯星球會不會跟南十字星有關呢？

進行。當時正在挖掘建築體的中央部分，也就是印加十字架中心的圓，建築工人經常聽見從同心圓底下傳來音樂，有時在休息時也會聽到許多人走動的聲音，這些現象使得工人們寧願開車兩小時回到距離七十多公里遠的家，也沒有工人願意在施工期間留下來過夜。Rosa Maria其實對這樣的現象感到憂心，因爲這樣的狀況如果持續，消息就會傳到小鎮上，這樣南十字星中心就算蓋好，眾人的語言意識也會把神廟搞得烏煙瘴氣。有一天她經過同心圓的位置，自己也聽見下方傳來音樂，那聲音像是從遠處傳遞過來的。於是Rosa Maria去請教幾位安地斯山區的薩滿（這次她特別跳過Edward導師），薩滿們對這事情的看法相當一致也特別要她不用擔心，聲音的傳遞本來就會產生共振，這意味著遺址神廟與南十字星中心連結上了。

在安地斯山區的薩滿普遍都有這樣的認識，認爲不同聖山、聖地或者神廟之間全部都在同一個能量網絡上互爲中心，所以被「引動」是很正常的事，並不會發生不同地方的聖地能量有好壞上的差別。當時印加十字的同心圓剛剛興建好，陸續接待幾組靈性之旅的團體，他們來蒂瓦那科參訪也都會過來南十字星中心走走，許多人自發性的捐獻讓興建進度可以持續。其中有一位在教導神聖幾何學以及曼達拉的美國作家，在這個地方進行啓動儀式且獻上水晶祝聖，從此每個來到這裡的人都會放上一顆水晶，至今已經成爲一個儀式傳統。而她的導師Edward也將這個連接遺址神廟的同心圓命名爲「Temple of Spiritual Regeneration」，意思是「靈性再生」。也就是說無論你從哪裡來，此時此刻你站在這裡與蒂瓦那科的能量連結，帶著祝福獻上水晶的同時，把自

安地斯中心建築體的正中央為同心圓階梯，拜訪者將礦石或水晶獻於此地，同時也是與蒂瓦那科神廟連結的能量口。

馬雅民族的部落有一權杖會外出找人工作，曾經前往美國、日本等多個國家，來到玻利維亞找上薩滿母親，一度引發當地男性薩滿的議論與不悅。

己放入一個和諧的能量網絡，理解同心圓意味生命不斷的循環與重生，安心踏上生命的下個階段，進入新的循環。Rosa Maria看著這裡自然發生的一切，她似乎對量子糾纏有了自己的理解。

二〇一〇年，一位厄瓜多薩滿邀請她一同前往智利，出席一場探討男性與女性能量平衡的研討會，並且在會中爲Rosa Maria安排演說，主題是來自安地斯山的智慧與興建中的南十字星中心。這是她第一次不是跟著導師參加國際研討會，意義顯得格外不同，而這場演說引起很大的回響，越來越多人邀約出席相關活動。這讓南十字星中心的興建進度有了新進展，而新神廟也漸漸看得出雛形，外觀也已經呈現出南十字星造型，鎮上居民紛紛熱議。但也開始有富商前來詢問價錢，部落裡的耆老也出面了解，甚至許多政治人物以及政府官員都前來表達購買的意願。興建南十字星中心的建築師非常開心，他一生蓋了那麼多房子，不曾得到如此多的關注。然而面對各種高價購買的利誘，Rosa Maria完全不爲所動，一個一個回絕了。她心裡納悶的是，神廟要如何賣？而且這些人出的價錢都可以自己去蓋一模一樣的造型建築了。

然而，事情並沒有因此結束，玻利維亞總統不但特地繞來看並且交代辦公室的人前來商議，無論如何都要買下南十字星中心，而這個消息竟然連報紙都開始報導。一對來自瓜地馬拉的馬雅薩滿夫妻帶著權杖到南十字星中心，其中男性薩滿長老將預視告訴Rosa Maria：「這是神的居所，無論如何妳絕對不能賣。」當時她對於南十字星中心的使命越來越清楚，每一次的對外演說都像是一次能量網絡的重整，在她的心裡非常篤定。同時間，她的導師Edward也非常緊急地找她，嚴肅地對她說：「這個工作需要持續下去，妳需要學會隱藏不要讓人發現妳。千萬不要讓人知道我們做了什麼，還有不只是看得見的人，可能會是能量也可能是看不見的東西，要隱藏好務必保護好自己。」而Rosa Maria是懂的，她記得導師之前的教導，若是刻意外顯與地球母親工作，性質上是與學習的初衷相違背，容易招致危險。

二〇一六年的玻利維亞第一次公民投票，為了阻止第一個原住民總統修憲連任。雖然是第一位艾瑪拉族原住民總統，但蒂瓦那科的艾瑪族人多數投下反對票。

第二天，Edward沒有進辦公室，據說是受傷了。她不特別前往探望，從朋友間得知他是因爲某種原因遭致襲擊，但也可能是以受傷爲名義的將計就計，無論眞相如何，眼前的情勢就是保護好自己。然而，她想著二〇〇六年玻利維亞剛選出第一位原住民總統，即便脫離西班牙統治那麼久了，這個國家仍然是西班牙後裔的白人總統在統治。而這位胡安・埃沃・莫拉萊斯・艾瑪（Juan Evo Morales Ayma）總統與自己同樣是艾瑪拉族人，連就職典禮都移師到蒂瓦那科舉行。爲什麼在今年二〇一〇競選連任的選舉年會，要花心思在

從阿卡帕那金字塔示意圖中可以明白，薩滿母親將安地斯中心主體設計成南十字星形狀。

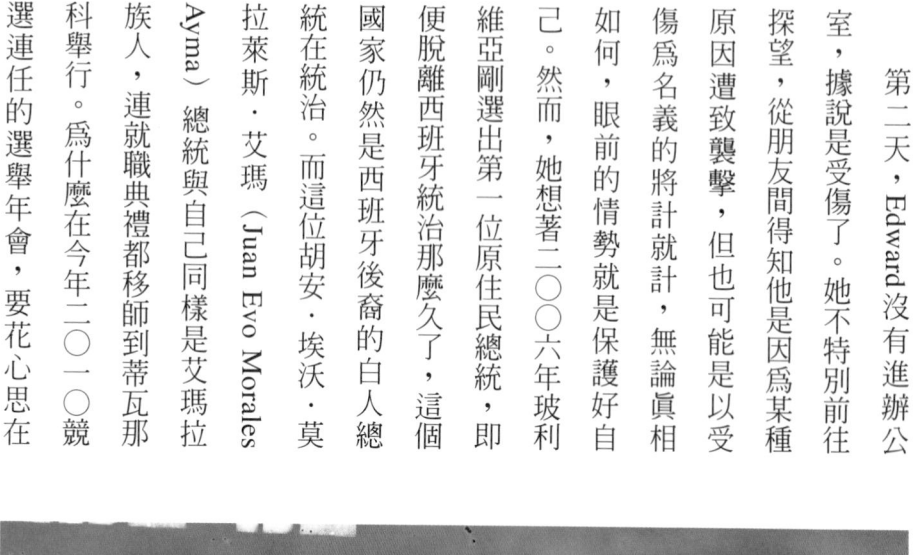

南十字星中心⋯⋯。想到這裡的Rosa Maria非常不安，因爲這代表總統身邊有看懂的幕僚起了壞心。如果眞是這原因，她希望選舉後一切都能恢復平靜。

二〇一二年五月三號，Edward用蒂瓦那科辦公室的名義舉辦活動，邀請小鎮上的居民前來參加，當日天空上會呈現完美的南十字星，印加民族稱爲查卡納日（the day of chacana）❹。他在遺址的神廟愼重介紹了南十字星，以及有哪些能量漩渦在這十字線上。而這天也是南十字星中心的建築體將屋頂上蓋，終於完成的時刻，這一天是南十字星中心的生日，也同步符合天上的星象。雖然在查卡納日活動中邀請印加薩滿進行儀式是蒂瓦那科遺址園區已經禁止的事，但薩滿們順勢帶領群眾來到南十字星中心將儀式完成。這一天遺址神廟、南十字星以及南十字星中心同步完成能量連結。

而緊接而來的六月是安地斯山區的新年，選在六月二十一日舉辦傳統的冬至慶典，也是現今玻利維亞的國定假日「太陽節」。由於冬至日照最短，高原地區的寒冬特別嚴酷，安地斯山的子民無不希望冬天趕快過去，這一天所有人都會面向東方，高舉雙手迎接太陽回歸，並進行感謝大

❹查卡納（Chacana）是印加文明經常出現的圖騰，也稱為印加十字。十字上方（東）代表天上、下方（西）代表地下、左方（北）代表海岸、右方（南）代表高原。查卡納中心是世界的肚臍（Cusco），四面的階梯俯瞰是一個金字塔，中間的生命之圓貫穿三個世界，意思是所有生命是連結的。三個階梯象徵印加信仰中的三大原則：恰當的心（Munay）、恰當的智慧（Yachay）、恰當的行動（Llankay）。

於地母親的古老儀式。這一天在當地非常重要，因爲生命、自然和美好生活都將進入新的循環，是安地斯山區的薩滿紛紛來到，面向東方的南十字星中心已然成爲新的神廟。

如今，Rosa Maria 一個人住在蒂瓦那科，而南十字中心也正式更名爲「安地斯山中心」，謝謝安地斯山的祖先引領她來到這個地方，家就是這個地方的眞正意義。安地斯山中心歡迎每一個人的到來，你也想回家嗎？

空拍安地斯山中心

住在安地斯山中心，這是我每天看出去的景色。

這次採訪花了好多天的時間，謝謝薩滿母親不厭其煩地回答我的提問。

每次回到帝瓦那科的家，都會倒一點台灣的水與南十字星的泉水合一。

# 寫在後面

我不想　但我真能聽見你
你知道的　不是所有人都渴望冒險
有太多聲音告訴我
應該如何……追求自己的生活
那些竊竊私語　多希望立刻就消失

……你還在？你真的認識我？
你知道我的感覺嗎？那就現身讓我瞧瞧……

——《走進未知》（*Into The Unknown*）Robert Lopez

等等……還沒完，讓我再爲你說一個故事……。

在祕魯，我遇見一個女子，那日下午彷彿是特別在庫斯科設置了一個拍攝現場。門外仍是祕魯如常的街景，一腳卻跨入伊比利半島，讓人有時空錯置的感覺，走進西班牙風情的百年大宅，女孩將手中的花材遞給我後便獨自上樓打掃佛堂。環視屋內空間果然很大，大到可以裝下來自圖博的信仰，彷彿屋裡隨時會走出一位固執的老奶奶，執念強大到可以把喜瑪拉雅山麓上的記憶封存下山。一回神，我發現我好像工作得太認真了，在「回」字中庭的花園裡，因爲高原缺氧蹲到眼冒金星。

西班牙風格的古宅裡藏著一處佛堂，在天主教國家裡實屬難得。

再次下樓時她微笑問我，一切還順利嗎？我已經忘了當時的回答，只知道再次回神時發現，緊抓玫瑰花束的手多處都已經滲出血來。不動聲色地繼續聽著她的指揮，忍痛陸續完成PUJA儀式的準備工作。當鮮花擺上佛龕時，我暗自思忖著，雖然「燃指供佛」的對象是

在庫斯科的藏傳佛教徒非常少，Elianne 準備供品進行簡單的PUJA為上師慶生。

佛，但這是一幕「場景」還是「劇情」呢？故事是否會另有篇章？人生故事不一定能眼見爲憑，有時連主角都不見得明白自己的意圖，因爲許多心底的念想是「被需要」出來的，許多升起的意圖也是「被創造」出來的。幾年前女孩在印度大吉嶺的修道院裡，兩年來修習佛法爲出家做準備。一日古魯問她：「妳爲什麼要出家？」她說：「我知道在祕魯的人生大概會長成什麼樣子？而我不願意就這樣過完我的一生，我希望在這裡的佛法修習，有朝一日可以幫助更多人？」而古魯無情地說：「爲了這個理由出家，我希望妳現在就回去妳的國家。」

身處異鄉庫斯科，在西班牙風情的百年古宅，一個祕魯女孩口中唱誦梵文的咒語，帶領我從白度母、綠度母心咒……一句一句反覆教唱，配合大禮拜儀軌完成簡易的ＰＵＪＡ儀式。結束後她端出一個沒有任何裝飾的蛋糕，望向眼前相片裡的古魯唱起了生日快樂歌，眼睛噙淚想念她的上師，那份渴求以及想再回到古魯身邊的心情，當下的氛圍令我全身顫慄不已。我問她：「你開始唱生日快樂歌時，有感覺到上師來到壇前嗎？妳知道他的到來嗎……？」也是這句話，讓原本眼底打轉的淚水奪眶流下……，或許，屋內住的老奶奶根本沒有封存能力，她只是有一些東西遺落在喜瑪拉雅山裡面。今年的南美之行如果不是祕魯的社會動盪；如果不是行程日期的調整；如果不是領隊阿姨無法來接我；如果不是女孩工作請假前來代勞；如果她沒有為上師慶生祝福；如果不是七十七人的學佛群組沒人回應；如果不是看到她失望的臉龐……，我便不會出現在這白年古宅裡。是好多的「如果」堆疊，使得十六歲跑去出家的我，遇見了藏傳信仰名叫 Elianne 的女子。

或許，緣起緣滅的論調讓人感到虛無。但在故事裡的每一個角色、每一個決定、以及每一個遇見都將堆疊出不同的故事版本。所以我會說：「每一個故事都有美好的結局，如果沒有那就是還沒寫完。」是不是，有個故事的美好結局正在等你做出決定，想一起出發體驗自己的版本嗎？不要怕編織一個你的故事版本，幻想是生為人的一種創造力。事實上，幻想是一個預備階段，它能鬆動生活上的僵局，並為你提供素材。它在等待對的時間，在你不擔心、沒有恐懼的時刻，新的故事版本就會降生在物質世界，進到你的生命與你一起生活。記得，你的生命故事是神聖的，因為那是神話的起源。

另外，關於迎接新的故事版本，作爲一個政治幕僚我有一些觀察。實踐政治理念有一個很特殊的性質，就是要把美好的事說到一定數量的人相信，使得這些人的心靈圖像可以感覺到美好的輪廓，那就會有機會將這一份美好迎來世上。而降生到物質世界的這份美好，正是你我現在所處環境的生活體驗，是人類大故事裡的政治篇章。在台灣這塊土地上每兩年一次的選舉週期，政治人物把握時間與人民締約，讓多數人心中持續有相信的盼望，那麼一場場的造勢場便可以是充滿力量的接引儀式。我總是可以看見，台灣這塊土地正培育著自己的領導者，每每高舉著降生的美好，就像是電影《獅子王》辛巴被高舉的那一刻。

如果選舉有清楚的主軸與訴求，在造勢會場上的群衆，其集體意志是非常驚人的力量。圖為造勢活動前，我正在為即將從四方齊聚的生靈禱告。

故事暫時說完了。最後我想告訴你：「我們無法踏進同一條河兩次。所以，故事的每一個版本都該盡興！」

天空之鏡這樣玩(一)

天空之鏡這樣玩(二)

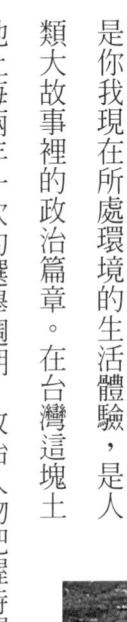

# 橡樹林文化 ❖❖ 眾生系列 ❖❖ 書目

| | | | |
|---|---|---|---|
| JP0174 | 請問財富．無極瑤池金母親傳財富心法：<br>為你解開貧窮困頓、喚醒靈魂的富足意識！ | 宇色Osel◎著 | 480元 |
| JP0175 | 歡迎光臨解憂咖啡店：大人系口味．<br>三分鐘就讓您感到幸福的真實故事 | 西澤泰生◎著 | 320元 |
| JP0176 | 內壇見聞：天官武財神扶鸞濟世實錄 | 林安樂◎著 | 400元 |
| JP0177 | 進階希塔療癒：<br>加速連結萬有，徹底改變你的生命！ | 維安娜．斯蒂博◎著 | 620元 |
| JP0178 | 濟公禪緣：值得追尋的人生價值 | 靜觀◎著 | 300元 |
| JP0179 | 業力神諭占卜卡——<br>遇見你自己．透過占星指引未來！ | 蒙特．法柏<br>（MONTE FARBER）◎著 | 990元 |
| JP0180 | 光之手3：核心光療癒——<br>我的個人旅程．創造渴望生活的高階療癒觀 | 芭芭拉．安．布藍能◎著 | 799元 |
| JP0181 | 105歲針灸大師治癒百病的祕密 | 金南洙◎著 | 450元 |
| JP0182 | 透過花精療癒生命：巴哈花精的情緒鍊金術 | 柳婷◎著 | 400元 |
| JP0183 | 巴哈花精情緒指引卡：<br>花仙子帶來的38封信——個別指引與練習 | 柳婷◎著 | 799元 |
| JP0184X | 醫經心悟記——中醫是這樣看病的 | 曾培傑、陳創濤◎著 | 480元 |
| JP0185 | 樹木教我的人生課：遇到困難時，<br>我總是在不知不覺間，向樹木尋找答案…… | 禹鐘榮◎著 | 450元 |
| JP0186 | 療癒人與動物的直傳靈氣 | 朱瑞欣◎著 | 400元 |
| JP0187 | 愛的光源療癒——<br>修復轉世傷痛的水晶缽冥想法 | 內山美樹子<br>（MIKIKO UCHIYAMA）◎著 | 450元 |
| JP0188 | 我們都是星族人0 | 王謹菱◎著 | 350元 |
| JP0189 | 希塔療癒——信念挖掘：<br>重新連接潛意識　療癒你最深層的內在 | 維安娜．斯蒂博◎著 | 450元 |
| JP0190 | 水晶寶石　光能療癒卡<br>（64張水晶寶石卡＋指導手冊＋卡牌收藏袋） | AKASH阿喀許<br>Rita Tseng曾桂鈺◎著 | 1500元 |
| JP0191 | 狗狗想要說什麼——超可愛！<br>汪星人肢體語言超圖解 | 程麗蓮（Lili Chin）◎著 | 400元 |
| JP0192 | 瀕死的慰藉——結合醫療與宗教的臨終照護 | 玉置妙憂◎著 | 380元 |
| JP0193 | 我們都是星族人1 | 王謹菱◎著 | 450元 |
| JP0194 | 出走，朝聖的最初 | 阿光（游湧志）◎著 | 450元 |
| JP0195 | 我們都是星族人2 | 王謹菱◎著 | 420元 |
| JP0196 | 與海豚共舞的溫柔生產之旅——從劍橋博士<br>到孕產師，找回真實的自己，喚醒母體的力量 | 盧郁汶◎著 | 380元 |

| | | | |
|---|---|---|---|
| JP0197 | 沒有媽媽的女兒——不曾消失的母愛 | 荷波・艾德蔓◎著 | 580元 |
| JP0198 | 神奇的芬活——西方世界第一座靈性生態村 | 施如君◎著 | 400元 |
| JP0199 | 女神歲月無痕——永遠對生命熱情、<br>保持感性與性感，並以靈性來增長智慧 | 克里斯蒂安・諾斯拉普醫生◎著 | 630元 |
| JP0200 | 願來世當你的媽媽 | 禪明法師◎著 | 450元 |
| JP0201 | 畫出你的生命之花：自我療癒的能量藝術 | 柳婷◎著 | 450元 |
| JP0202 | 我覺得人生不適合我：歡迎光臨苦悶諮商車，<br>「瘋狂」精神科醫師派送幸福中！ | 林宰暎◎著 | 400元 |
| JP0203 | 一名尋道者的開悟之旅 | 嗡斯瓦米◎著 | 500元 |
| JP0204 | 就為了好吃？：一位餐廳老闆的真心告白，<br>揭開飲食業變成化工業的真相 | 林朗秋◎著 | 380元 |
| JP0205 | 因為夢，我還活著：<br>讓夢境告訴你身體到底出了什麼問題！ | 賴瑞・伯克<br>凱瑟琳・奧基夫・卡納沃斯◎著 | 600元 |
| JP0206 | 我是對的！為什麼我不快樂？：<br>終結煩煩惱惱的幸福密碼 | 江宏志◎著 | 380元 |
| JP0207 | 龍神卡——開啓幸福與豐盛的大門<br>（38張開運神諭卡＋指導手冊＋卡牌收藏袋） | 大杉日香理◎著 | 899元 |
| JP0208 | 希塔療癒——<br>你與造物主：加深你與造物能量的連結 | 維安娜・斯蒂博◎著 | 400元 |
| JP0209 | 禪修救了我的命：<br>身患惡疾、卻透過禪修痊癒的故事 | 帕雅仁波切<br>蘇菲亞・史崔一芮薇◎著 | 500元 |
| JP0210 | 《心經》的療癒藝術：色與空的極致視覺體驗 | 葆拉・荒井◎著 | 1000元 |
| JP0211 | 大地之歌——全世界最受歡迎的獸醫，<br>充滿歡笑與淚水的行醫故事 | 吉米・哈利◎著 | 680元 |
| JP0212 | 全然慈悲這樣的我：透過「認出」「容許」<br>「觀察」「愛的滋養」四步驟練習，<br>脫離自我否定的各種內心戲 | 塔拉・布萊克◎著 | 550元 |
| JP0213 | 徒手氣血修復運動——<br>教你輕鬆練上焦，調和肌肉與呼吸，<br>修復運動傷害、遠離長新冠！ | 李筱娟◎著 | 550元 |
| JP0214 | 靈魂出體之旅——<br>對「生命」根本真理的探索記錄 | 羅伯特・A・門羅◎著 | 600元 |
| JP0215 | 人，為何而生？為何而活？ | 明橋大二、伊藤健太郎、<br>高森顯徹◎著 | 480元 |
| JP0216 | 祖靈的女兒——排灣族女巫包惠玲Mamauwan<br>的成巫之路，與守護部落的療癒力量 | 包惠玲、張菁芳◎著 | 460元 |
| JP0217 | 雪洞——一位西方女性的悟道之旅 | 維琪・麥肯基◎著 | 480元 |

眾生系列　JP0218
在故事與故事間穿越——追隨印加薩滿，踏上回家的路

作　　者／阿光（游湧志）
責 任 編 輯／劉昱伶
業　　務／顏宏紋

總　編　輯／張嘉芳
出　　版／橡樹林文化
城邦文化事業股份有限公司
104台北市民生東路二段141號5樓
電話：(02)2500-7696 ext2736　傳眞：(02)2500-1951
發　　行／英屬蓋曼群島商家庭傳媒股份有限公司城邦分公司
104台北市中山區民生東路二段141號5樓
客服服務專線：(02)25007718；25001991
24小時傳眞專線：(02)25001990；25001991
服務時間：週一至週五上午09:30～12:00；下午13:30～17:00
劃撥帳號：19863813　戶名：書虫股份有限公司
讀者服務信箱：service@readingclub.com.tw
香港發行所／城邦（香港）出版集團有限公司
香港灣仔駱克道193號東超商業中心1樓
電話：(852)25086231　傳眞：(852)25789337
Email：hkcite@biznetvigator.com
馬新發行所／城邦（馬新）出版集團【Cité (M) Sdn.Bhd. (458372 U)】
41, Jalan Radin Anum, Bandar Baru Sri Petaling,
57000 Kuala Lumpur, Malaysia.
電話：(603)90563833　傳眞：(603)90576622
Email：services@cite.my

內文排版／歐陽碧智
封面設計／兩棵酸梅
印　　刷／韋懋實業有限公司

初版一刷／2023年10月
ISBN／978-626-7219-58-4
定價／480元

城邦讀書花園
www.cite.com.tw


國家圖書館出版品預行編目（CIP）資料

在故事與故事間穿越：追隨印加薩滿，踏上回家的路／阿光（游湧志）著. -- 初版. -- 臺北市：橡樹林文化，城邦文化事業股份有限公司出版：英屬蓋曼群島商家庭傳媒股份有限公司城邦分公司發行，2023.10
面；　公分. --（眾生；JP0218）
ISBN 978-626-7219-58-4（平裝）

1.CST: 靈修　2.CST: 薩滿教

276.4　　112013820

廣 告 回 函
北區郵政管理局登記證
北 台 字 第 10158 號
郵資已付 免貼郵票

104 台北市中山區民生東路二段 141 號 5 樓

城邦文化事業股分有限公司
橡樹林出版事業部 收

請沿虛線剪下對折裝訂寄回，謝謝！

橡樹林

書名：在故事與故事間穿越——追隨印加薩滿，踏上回家的路
書號：JP0218

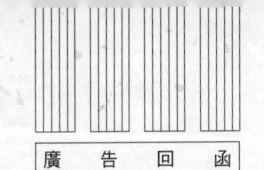

橡樹林文化

# 讀者回函卡

感謝您對橡樹林出版社之支持，請將您的建議提供給我們參考與改進；請別忘了給我們一些鼓勵，我們會更加努力，出版好書與您結緣。

姓名：________________ □女 □男 生日：西元________年

Email：________________________________

● 您從何處知道此書？

□書店 □書訊 □書評 □報紙 □廣播 □網路 □廣告 DM □親友介紹

□橡樹林電子報 □其他________

● 您以何種方式購買本書？

□誠品書店 □誠品網路書店 □金石堂書店 □金石堂網路書店

□博客來網路書店 □其他________

● 您希望我們未來出版哪一種主題的書？（可複選）

□佛法生活應用 □教理 □實修法門介紹 □大師開示 □大師傳記

□佛教圖解百科 □其他________

● 您對本書的建議：

________________________________

________________________________

________________________________

________________________________

________________________________

非常感謝您提供基本資料，基於行銷及客戶管理或其他合於營業登記項目或章程所定業務需要之目的，家庭傳媒集團（即英屬蓋曼群商家庭傳媒股份有限公司城邦分公司、城邦文化事業股分有限公司、書虫股分有限公司、墨刻出版股分有限公司、城邦原創股分有限公司）於本集團之營運期間及地區內，將不定期以MAIL訊息發送方式，利用您的個人資料於提供讀者產品相關之消費與活動訊息，如您有依照個資法第三條或其他需服務之業務，得致電本公司客服。

我已經完全瞭解左述內容，並同意本人資料依上述範圍內使用。

________________（簽名）